中国社会科学院创新工程专

欧盟能源政策

——以德国生态税改革为例

保罗·维尔芬斯

贝恩德·迈耶

【德】沃尔夫冈·普法芬伯格 著

皮奥特·雅辛斯基

安德烈·琼格迈泰

吴剑峰 邱永辉 译

经济管理出版社

ECONOMY & MANAGEMENT PUBLISHING HOUSE

《能源经济经典译丛》专家委员会

序言

能源已经成为现代文明社会的血液。随着人类社会进入工业文明，能源的开发利用成为经济活动的重要组成部分，与能源相关的生产、贸易、消费和税收等问题开始成为学者和政策制定者关注的重点。得益于经济学的系统发展和繁荣，对这些问题的认识和分析有了强大的工具。如果从英国经济学家威廉·杰文斯1865年发表的《煤的问题》算起，人们从经济学视角分析能源问题的历史迄今已经有一个多世纪了。

从经济学视角分析能源问题并不等同于能源经济学的产生。实际上，直到20世纪70年代，能源经济学才作为一个独立的分支发展起来。从当时的历史背景来看，70年代的石油危机催生了能源经济学，因为石油危机凸显了能源对于国民经济发展的重要性，从而给研究者和政策制定者以启示——对能源经济问题进行系统研究是十分必要的，而且是紧迫的。一些关心能源问题的专家、学者先后对能源经济问题进行了深入、广泛的研究，并发表了众多有关能源的论文、专著，时至今日，能源经济学已经成为重要的经济学分支。

同其他经济学分支一样，能源经济学以经济学的经典理论为基础，但它的发展却呈现两大特征：一是研究内容和研究领域始终与现实问题紧密结合在一起。经济发展的客观需要促进能源经济学的发展，而能源经济学的逐步成熟又给经济发展以理论指导和概括。例如，20世纪70年代的能源经济研究聚焦于如何解决石油供给短缺和能源安全问题；到90年代，经济自由化和能源市场改革的浪潮席卷全球，关于改进能源市场效率的研究极大地丰富了能源经济学的研究内容和方法，使能源经济学的研究逐步由实证性研究转向规范的理论范式研究；进入

21 世纪，气候变化和生态环境退化促使能源经济学对能源利用效率以及能源环境问题开展深入的研究。

需要注意的是，尽管能源经济学将经济理论运用到能源问题研究中，但这不是决定能源经济学成为一门独立经济学分支的理由。能源经济学逐步被认可为一个独立的经济学分支，主要在于其研究对象具有特殊的技术特性，其特有的技术发展规律使其显著区别于其他经济学。例如，电力工业是能源经济学分析的基本对象之一。要分析电力工业的基本经济问题，就需要先了解这些技术经济特征，理解产业运行的流程和方式。比如，若不知道基本的电路定律，恐怕就很难理解电网在现代电力系统中的作用，从而也很难为电网的运行、调度、投资确定合理的模式。再如，热力学第一定律和第二定律决定了能源利用与能源替代的能量与效率损失，而一般商品之间的替代并不存在类似能量损失。能源开发利用特有的技术经济特性是使能源经济学成为独立分支的重要标志。

能源经济学作为一门新兴的学科，目前对其进行的研究还不成熟，但其发展已呈现另一个特征，即与其他学科融合发展，这种融合主要源于能源在经济领域以外的影响和作用。例如，能源与环境、能源与国际政治等。目前，许多能源经济学教科书已把能源环境、能源安全作为重要的研究内容。与其他经济学分支相比，能源经济学的研究内容在一定程度上已超出了传统经济学的研究范畴，它所涉及的问题具有典型的跨学科特征。正因为如此，能源经济学的方法论既有其独立的经济方法，也有其他相关学科的方法学。

能源经济学研究内容的丰富与复杂，难以用一本著作对其包括的所有议题进行深入的论述。从微观到宏观，从理论到政策，从经济到政治，从技术到环境，从国内到国外，从现在到未来，其所关注的视角可谓千差万别，但却有着密切的内在联系，从这套经济管理出版社出版的《能源经济经典译丛》就可见一斑。

这套丛书是从国外优秀能源经济著作中筛选的一小部分，但从这套译著的书名就可看出其涉猎的内容之广。丛书的作者们从不同的角度探索能源及其相关问题，反映出能源经济学的专业性、融合性。本套丛书主要包括：

《能源经济学：概念、观点、市场与治理》（Energy Economics: Concepts, Issues, Markets and Governance）和《可再生能源：技术、经济和环境》（Renewable Energy: Technology, Economic and Environment）既可以看做汇聚众多成熟研究成果的出色教材，也可以看做本身就是系统的研究成果，因为书中融合了作者的许多真知灼见。《能源效率：实时能源基础设施的投资与风险管理》（Energy Efficiency: Real Time Energy Infrastructure Investment and Risk Management）、《能源安全：全球和区域性问题、理论展望及关键能源基础设施》（Energy Security: International and Local Issues, Theoretical Perspectives, and Critical Energy Infrastructures）和《能源与环境》（Energy and Environment） 均是深入探索经典能源问题的优秀著作。《可再生能源与消费型社会的冲突》（Renewable Energy Cannot Sustain a Consumer Society）与《可再生能源政策与政治：决策指南》（Renewable Energy Policy and Politics：A Handbook for Decision-making） 则重点关注可再生能源的政策问题，恰恰顺应了世界范围内可再生能源发展的趋势。《可持续能源消费与社会：个人改变、技术进步还是社会变革？》（Sustainable Energy Consumption and Society：Personal，Technological，or Social Change?）、《能源载体时代的能源系统：后化石燃料时代如何定义、分析和设计能源系统》（Energy Systems in the Era of Energy Vectors：A Key to Define，Analyze and Design Energy Systems Beyond Fossil Fuels）、《能源和国家财富：了解生物物理经济》（Energy and the Wealthof Nations：Understanding the Biophysical Economy） 则从更深层次关注了与人类社会深刻相关的能源发展与管理问题。《能源和美国社会：谬误背后的真相》（Energy and American Society：Thirteen Myths）、《欧盟能源政策：以德国生态税改革为例》（Energy Policies in the European Union：Germany's Ecological Tax Reform）、《东非能源资源：机遇与挑战》（Energy Resources in East Africa：Opportunities and Challenges）和《巴西能源：可再生能源主导的能源系统》（Energy in Brazil：Towards a Renewable Energy Dominated Systems） 则关注了区域的能源问题。

对中国而言，伴随着经济的快速增长，与能源相关的各种问题开始集中地出现，迫切需要能源经济学对存在的问题进行理论上的解释和分析，提出合乎能源发展规律的政策措施。国内的一些学者对于能源经济学的研究同样也进行了有益的努力和探索。但正如前面所言，能源经济学是一门新兴的学科，中国在能源经济方面的研究起步更晚。他山之石，可以攻玉，我们希望借此套译丛，一方面为中国能源产业的改革和发展提供直接借鉴和比较；另一方面启迪国内研究者的智慧，从而为国内能源经济研究的繁荣做出贡献。相信国内的各类人员，包括能源产业的从业人员、大专院校的师生、科研机构的研究人员和政府部门的决策人员都能在这套译丛中得到启发。

翻译并非易事，且是苦差，从某种意义上讲，翻译人员翻译一本国外著作产生的社会收益要远远大于其个人收益。从事翻译的人，往往需要一些社会责任感。在此，我要对本套丛书的译者致以敬意。当然，更要感谢和钦佩经济管理出版社解淑青博士的精心创意和对国内能源图书出版状况的准确把握。正是所有人的不懈努力，才让这套丛书较快地与读者见面。若读者能从中有所收获，中国的能源和经济发展能从中获益，我想本套丛书译者和出版社都会备受鼓舞。我作为一名多年从事能源经济研究的科研人员，为我们能有更多的学术著作出版而感到欣慰。能源经济的前沿问题层出不穷，研究领域不断拓展，国内外有关能源经济学的专著会不断增加，我们会持续跟踪国内外能源研究领域的最新动态，将国外最前沿、最优秀的成果不断地引入国内，促进国内能源经济学的发展和繁荣。

丛书总编　史丹

2014 年 1 月 7 日

1997 年里约地球峰会后 160 个国家签订了《京都议定书》。全球变暖被认为严重威胁到世界气候的稳定和一些地区的经济繁荣。由于大多数排放来自能源的使用，温室主题成为能源政策的一个重要领域。20 世纪 70 年代的石油危机在 80 年代后期逐步平息后，能源政策在一些经济合作与发展组织（OECD）国家被视为一个核心政策领域。在 1990 年，当燃料价格上涨 6 芬尼时，德国政府采取了五阶段的生态税改革。2001 年，政府已经宣布了第三步上调 6 芬尼的政策，以期扭转在 2000 年石油价格大幅上涨和公众抗议情形下所制定的政策。政府指出，推迟下一步的生态税改革将带来劳动力成本增加和失业率上升的风险。生态税收被专门用于资助社会保障和维持低于工资总额 20% 的贡献率。

在接下来的研究中，我们将分析德国生态税改革面临的基本挑战以及逐步淘汰核能所遇到的问题。目前出现了很多质疑的声音，认为生态税改革将减少经济增长和削弱就业增长。我们所做出的最重要的创新在于提出了一个自下而上的宏观经济模型，这个模型率先纳入了研发的资本存量，这样我们便可以聚焦于如何只将部分生态税收用于资助更高水平的研发这一政策抉择。在欧洲，对于高工资国家来说，如果它们想在后"冷战"环境下恢复完全就业，较高的研发 GDP 占比是必要的，因为许多来自东欧的低工资国家正进入欧洲和其他市场。我们这本书将说明，一个国家可以在提高能源减排目标的同时促进经济增长和就业。我们的分析不仅涉及税收改革方面的内容，还考虑到税收改革对价格和就业的影响。至少我们的方法强调了创新、结构调整以及政策创新在应对全球变暖中至关重要的作用，而这与经济增长和充分就业是高度一致的。我们认为，这里针对德国的分析同样适用于其他 OECD 国家。

我们在 1999 年为欧洲议会 DG IV 准备了一项研究结果，本书是该研究的扩展版本。通过呈现这个扩展版本，我们希望进一步推动经济学界和政策制定者展开生态税改革的讨论。我们向来自波茨坦的 Ralf Wiegert 和来自东京的 Tim Yarling 给予的编辑帮助致以诚挚的谢意。

Paul J.J.Welfens：博士、教授
Jean Monnet：欧洲经济一体化主席
2000 年 8 月于波茨坦和华盛顿特区

目录

—————————
Contents

绪　论

　　能源政策是基础设施政策的重要组成部分，因此对国家竞争力和经济增长十分重要；同时，它也是环境政策至关重要的一部分，因为矿物燃料和核燃料的生产和使用中伴随着国家和国际层面的负面外部效应。遵循欧盟电力自由化的倡议，德国没有按照欧盟的最低要求来选择实施逐步自由化，而是在 1998 年 4 月完全放开了电力市场，这将导致电力价格下降和在一个更具竞争力的欧洲市场上的行业重组。鉴于天然气是一种重要的发电投入——同其他替代投入相比，天然气更具竞争优势——由欧洲委员会发起的欧盟天然气市场自由化将促进整体能源市场的自由化。能源的生产和使用又是各种排放的主要因素，最明显的排放是二氧化碳和二氧化硫。这些温室气体的排放自然会造成跨国界的污染问题。生态税改革涉及其他国际问题，包括贸易产品相关行业的竞争力、能源资源和电力的贸易。而且生态税改革会影响国际资本市场的效用，这将涉及能源密集型行业的搬迁、能源行业兼并活动的增强以及高耗能行业面临更加激烈的价格和成本竞争。

　　在德国，核能使用的发展程度高度依赖于未来的政治决策。目前，现存的核电站具有竞争力，但是在竞争环境下建立新核电站几乎是不可能的。只有在政府的干预下，核能开发才能维持。假设接下来要逐步淘汰核能，那么问题是如何取代核电站目前的电力生产。

随着整个欧洲电力和天然气市场的开放和自由化，部分替代能源可以来自电力的进口。同时，天然气发电站的数量将增加。然而，快速淘汰核能意味着大量资本的损失。对这些资本的估算取决于对所替换的核电站的评估。这取决于未来能源的价格，还取决于逐步淘汰核能的节奏。按照今天的价格和成本来计算，天然气发电站替代核电站的方案在很大程度上还是颇具优势的。同时，这样的战略需要天然气在需求量急剧增加而价格不变的情况下可以给予供应。就天然气市场的结构而言，最后一个要求似乎不太可能实现。

考虑到价格和成本方面，通过混合天然气和煤来替代核电站的混合战略更容易被接受，但这样做会带来气候政策方面的很多问题。因为这种战略会带来更多的温室气体排放。

另外，如果采取无碍气候的逐步淘汰战略，则会提高这一战略的成本。因为要么其他经济部门必须对温室气体减少做出更多贡献，要么电力部门自身必须增加对天然气的使用，以减少温室气体的排放。这意味着将限制煤炭生产领域创造大量的国内增值。

可再生能源即使贡献再大，也不可能解决这个问题：因为如同核能的使用一样，可再生能源（RES）的使用与温室气体的排放没有直接关系。如果核能可以被可再生能源替换的话，气候平衡将在长期保持稳定的状态。但这不会对温室气体的减少做出贡献。

热电联产（CHP）在德国有很大潜力，目前尚未充分开发。在未来，提供廉价热能的分布很疏散的工厂可以对发电和发热做出重要贡献。在如今的经济情况下，推广这样的工厂仍然存在很大障碍，因为市场不会奖励热电联产所带来的环境效益。

在逐步淘汰核能时，能源政策需要在全球经济环境下综合考虑环境保护和经济稳定的问题，还要考虑政治形势的稳定性。政府相当多的任务都是与结构变化相关。延长某些核电站的运营期限，同时增加可再生能源和热电联产的支持，这样的社会契约将是有用的；同时鼓励节能也是很重要的。

核废料的处理主要有再加工和作为最后废物处置两种选择。如果在今天核废料作为最后废物处置更加便宜，那么从经济角度来看会选择将核废料作为最后废物处置，但这只是长期的中间存储。未来从技术角度来看还是可能选择再加工。目前，德国废物处置的目标是设立三个最终储存站点。对于热能开发的废料，主要选择Gorleben的盐丘来储存，目前这个选址仍处于审核阶段。废物处置的成本相当高，据估计，拆除一个反应堆的成本大约为建设费用的15%~20%。相对于操作阶段40%的费用，核废料处置成本占比约为60%。

就文献中对有关双重红利假说的怀疑，我们提出了一个修正的方法，即促进创新的生态税改革：从优化分配方法的理论角度来看，同时内部化排放所带来的负外部效应和研发所带来的正面效应是完全可能的，只要将生态税收用于资助研发费用，减少征收造成高度扭曲的、高额的劳动所得税——降低税收也将促进就业增加。

更高的研发支出促进研发资本存量更快速地积累，这将对宏观经济和行业的发展发挥积极作用。研发资本存量的增加会促进更快地增长，从而消除负面的产出效应——可能与收入竞争的加剧有关——这是大多数标准生态税改革模拟中能够观察到的效应。在一个基于投入产出分析的宏观模型中，我们发现，如果要在德国避免负面的产出效应，大约10%的生态税改革的税收收入应该用在更高的研发支出上。就德国和欧盟而言，我们认为促进创新的生态税改革是一个理想的战略，它结合了环境改善与就业增加——大约增加100万个工作岗位。

我们的研究尚遗留下几个有待解决的问题，包括研发积累和就业（产出）增长之间的时间滞后问题。此外，还有与较高的研发/GDP 比率的国际影响力相关的一些重要问题。增加研发资本存量可能吸引更多外国直接投资流入，这反过来也会产生一个更高的投资/GDP 比率和更高的要素生产率。显然，除了那些在技术密集型产品和技术领域地位较弱的国家以外，大多数欧盟国家都有可能受益于采用创新导向型的生态税改革。一个悬而未决的问题是，是否应该将部分额外的研发基金专门用于提高能源效率的特定研究项目。

上述问题以及其他相关问题为未来的研究指明了方向。鉴于大多数欧盟国家高企的失业率，修正后的生态税改革并不能代替必要的劳动力市场改革。生态税的征收应该能够促进整体税收负担的降低，减少无谓的福利损失和优化资源配置。虽然熊彼特式生态税改革（SETAR）将有助于德国和整个欧盟，但这样的改革不能替代德国和其他国家的社会保障制度的结构性改革，这些国家目前采用传统的现收现付系统。德国的政策制定者们应该依照我们倡议的熊彼特原理修正现有的生态税改革。从原则上看，德国的生态税改革——经过充分的修改——也适用于欧盟。在未来，生态税领域中的税收协调应该分阶段进行。

1. 观点

一个熊彼特式的生态税改革不仅可以为德国，而且可以为整个欧盟带来重大利益（它也可以应用于美国、加拿大和日本）。1997年比利时和荷兰的人均二氧化碳排放量（12 吨和 11.8 吨）略高于德国（10.8 吨），因此，在这两个国家实施熊彼特式生态税改革的好处甚至可能高于德国。英国、意大利和法国的人均二氧化碳排放量比德国略低，分别为 9.4 吨、7.4 吨和 6.2 吨。熊彼特式生态税改革也将带来可观的效益，当然，法国面临来自其庞大核电工业的特殊问题。在熊彼特式生态税改革中，可以采用欧盟整体协调的方法，主要原因有以下两个：一方面，最小范围的协调将避免共同体内部贸易和外国直接投资带来的扭曲效应；另一方面，若没有整个欧盟的共同努力，根据各自的二氧化碳排放强度对主要能源投入征税几乎是不可能的。德国的生态税改革应该充分修改，这意味着明确关注主要能源的二氧化碳排放，寻求分割生态税收收入的合理方式，以便既能降低劳动力成本，又能提升研发推广和提高研发支出。

　　欧盟应采取一个熊彼特式生态税改革方案，这将带来新的工作岗位、强化欧盟的竞争力、刺激经济增长。面对经济全球化的新世界，一个适当的欧盟行动计划可能会大大有助于欧盟的现代化，并成功地应对全球变暖。创新型生态税改革的理论框架见图0-1。

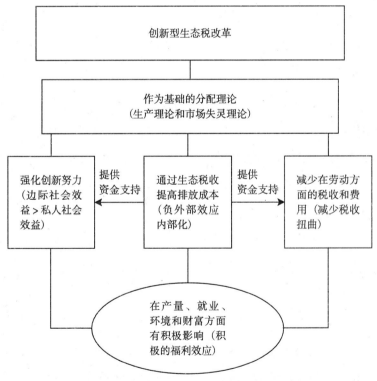

图 0-1　创新型生态税改革的理论框架

2. 模拟方法

计量经济模型为我们提供了一种基于实证的对经济发展及其与

能源消耗、温室气体排放的关系的描述。模拟行为方程的实证基础是 1970~1996 年的数据。

在分析的第一步，我们对 2000 年到 2010 年进行了预测，各种外生变量（如世界进口增长）都固定在合理的水平。这样我们便得到一个参考方案，即所谓的一切照旧的（标准）方案。这被称为标准方案，是因为这个方案中的预测和假设不涉及我们感兴趣的领域的政策活动——这里指生态税改革。

在分析的第二步中，我们进行了进一步的预测，但这时我们假设引入碳税及其税收中性意义上的"补偿"：在这里进行的分析，首先模拟一个简单的税收中性的生态税改革，即所有生态税收收入用于降低社会保障支出。其他假设，特别是关于外生变量值的假设都与标准方案中的一样。然后我们假设一定份额的生态税收收入将用于提高研发支出，这样可以进行进一步预测。结果我们就可以模拟一个熊彼特式的生态税改革，明确地关注创新支出对经济增长的促进作用。

在对预测结果进行讨论时，我们总是提到与标准方案预期的偏差。这些数值给我们展示了所有直接和间接的碳税和所选补偿方法（如全部用于减少社会保障支出或者分割生态税收收入，以同时降低社会保障支出和提高研发支出）的影响。例如，如果熊彼特式生态税改革的预测结果——x% 的生态税收收入用于更高的研发支出——在 GDP 这一栏显示为 +1.5%，这意味着在 2010 年结束时，和标准情况下的国内生产总值的预测值相比，实际产出超过标准情况 1.5%。如果按熊彼特式生态税改革预测的表格中，名义工资 W 为 +2%，物价水平为 +0.8%，这一结果意味着在模拟期结束时，和标准方案相比，名义工资高出 2%，而实际工资将高出大约 1.2%。

因此模拟便于政策制定者理解不同政策的选择在实施时的不同影响。从计量经济学角度看，一个更宽泛模型——包括投入产出分析——的模拟结果有时候并不如方程系统的简化版本的预测那样有效，但一个宽泛的模拟具有重要的优势，其可以以一种自下向上的方法来覆盖现实的复杂动态，可以更仔细地研究结构和行业的变化，这种变化对经济的调整至关重要，对政策制定者的决策也是如此。

针对一个国家的模型模拟难以轻易地拓展到一群国家，除非国家模型之间建立充分的联系。覆盖几个欧盟国家（或 2001 年时整个欧盟 15 国或是欧盟加上那些被允许加入欧盟的国家）在原则上是可行的，但如果要建立一个相当复杂的模拟模型的话，就需要建立国际合作。就政策制定而言，这样的模拟分析可以帮助避免严重的政策缺陷，有助于为一系列既定的政策目标识别出相应的工具。

第❶章 能源政策：动态开放的经济体中经济政策的战略要素

能源政策是基础设施政策的元素之一，因此对国家竞争力和经济增长十分重要；同时，它也是环境政策至关重要的一部分，因为矿物燃料和核燃料的生产和使用中伴随着国家和国际层面的负面外部效应。遵循欧盟电力自由化的倡议，德国没有按照欧盟的最低要求来选择实施逐步自由化，而是在 1998 年 4 月完全放开了电力市场，这将导致电力价格下降和在一个更具竞争力的欧洲市场上的行业重组。鉴于天然气是一种重要的发电投入——同其他替代投入相比，天然气更具竞争优势——由欧洲委员会发起的欧盟天然气市场自由化将促进整个能源市场的自由化。能源的生产和使用又是各种排放的主要因素，最明显的排放是二氧化碳和二氧化硫。这些温室气体的排放自然会造成跨国界的污染问题。生态税改革涉及的其他国际问题包括贸易产品相关行业的竞争力、能源资源和电力的贸易。而且生态税改革会影响国际资本市场的效用，这将涉及能源密集型行业的搬迁、在能源行业兼并活动的增强或者是高耗能行业面临更加激烈的价格和成本竞争。

1994 年，德国联邦政府决心在 1987~2005 年削减二氧化碳排放量的 25%~30%。更重要的是，政府在柏林第一次缔约方会议（1995

年）宣布，在 1990~2005 年，它将减少 25% 的二氧化碳排放量。至于欧盟，在 1997 年 3 月的欧洲委员会环境部长会议上，德国做了一个重要的承诺，即德国政府同意在 1990~2010 年削减 25% 的温室气体排放——这里指二氧化碳、甲烷和一氧化二氮三种气体。这一承诺是欧盟 1997 年 12 月京都会议提案的一部分。更广泛的减排目标聚焦在 2010 年，这是宏观经济调整——以及计算机模拟——相关的时间区间。就二氧化碳减排目标方面，曾有多种报道。我们的分析将关注德国的二氧化碳排放以及其他生态和经济方面的能源政策——包括逐步淘汰核能的问题。我们也会考虑到其他欧盟国家的部分进展情况（包括英国的自由化的电力市场，其改革动态为欧盟逐步引入自由化提供了一些基本经验）。

《京都议定书》号召所有主要的 OECD 国家大量减少二氧化碳的排放。对很多市场经济体而言，以某种形式提高能源价格成为一种自然的策略，所谓的生态税改革——包括能源税/碳税——就是政策制定者一个可能的选择。在工业化国家，能源定价和生态税改革是可持续能源政策的核心要素。虽然核能发电没有二氧化碳排放，但它存在潜在的污染和废物管理等严重问题。显然，能源政策不仅关注国家层面的生态内容，而且关注企业成本竞争力，私人家庭的用电、煤气、供暖的价格。因此，能源政策是一个政治敏感和经济敏感的问题。

经济全球化（Welfens，1999a），即商品市场日益加大的竞争压力，促使公司采取行动来削减成本，包括能源成本。在电力方面，1997~1998 年德国的价格是欧盟中最高的——东德的价格甚至有点高于西德（主要是由于在区域性垄断框架下创建新电站所提供的高额资本津贴）。在欧盟，北欧电力价格相对较低。

根据联邦宪法法院的公告，所谓的"石煤开采附加费"——为了补贴德国煤炭行业而收取的电力费用——是非法的，这样"石煤开采附加费"作为家庭电费账单的一项特别费用最终被取消。相应地，政府对硬煤行业的补贴直接从联邦税收收入中支付。政府讨论用 40 亿德国马克的一般能源税来替换"石煤开采附加费"。但是事实证明，这个保守党和自由党的联合政府无法就这一财政改革从议会那里得到广泛的支持。1998 年秋，德国新政府——社会民主党和绿党的联合政府——开始执政，决定将实施所谓的生态税改革，这项改革包括两方面内容，即实施新能源税，同时减少社保缴费。这项措施应该会减少工资成本，从而有助于提高劳动力需求，降低失业率。

在时任德国总理施罗德的率领下，德国政府决定推出一个分阶段的生态税改革，这将提高能源价格。虽然欧佩克组织在 20 世纪 70 年代石油价格波动中的经验会引导经合组织中的市场经济体对需求和供应做出灵活反应，达到一个新的能源价格，但是生态税改革还是会为政策制定者和企业界带来一些新元素。生态税改革会带来额外的收入来源，更准确地说，国家的生态税收将增加。在 20 世纪 90 年代，生态税大约占德国和 OECD 国家 GDP 的 2.5%。

我们必须考虑到，在单一市场和日益加剧的全球竞争的框架下，孤立的国家能源政策和生态税改革在多大程度上是恰当的。对于企业界来说，国家生态税改革意味着不同的调整压力，这取决于其技术和产品的能源消耗强度。此外，生态税改革在一定程度上能够降低工资成本——这里指雇主的社保贡献，这就会带来短期的成本优势，从而可以提高国际竞争力，同时刺激就业和国内总需求。鉴于 20 世纪 90 年代大多数欧盟大陆国家的失业率高企，生态税改革只能是恢复充分就业所需更广泛战略的一个方面。在任何情况下，都需要放松管制、更多的差别化工资以及更多的流动性（Addison 和 Welfens，1998）。对于德国和其他一些欧盟国家来说，现代能源政策的第二大挑战是如何实现用可再生能源以及传统的能源方式来替代核能。

从本质上看，生态税改革会提高能源价格，在既定技术水平的情况下，能够鼓励企业和消费者一方面调整要素投入结构；另一方面调整产出组合，以此来节约能源。与此同时，也会激励相关产业企业节能创新和开发、利用新技术。鉴于各个行业的能源使用强度不同，就产出和就业而言，提高能源价格可能会对不同的行业产生不同的影响——包括贸易产品和出口领域。而且，对于一个开放经济体而言，其进口能源和出口能源密集型产品的动机变化也会影响到贸易平衡。行业的产出效应以及其对收入和常规税收收入的影响将会形成至关重要的就业和政府税收影响。显然，对预算而言，征收更高的能源税所带来的收入效应通常是正面的。但是，如果随着能源价格的提升，产出会下降，那么经济会如何做出反应呢——这是大多数生态税改革模型模拟中出现的一个典型效应？这是否会加剧收入的冲突，增加长期的预算赤字，或带来重要的汇率效应？如果生态税改革存在强大的不良副效应，那么这一改革的确切目的，即改善环境、提高就业，就可能被严重削弱。生态税改革主要依靠税改的投入替代效应——用现在更为廉价的劳动力来取代资本，但也伴随着长期的负面产出效应，这种生态税改革是不太可能持续下去的。因此，既然生态税改革在一定程度上可能会存在着相当大的负面产出效应，我们就必须寻找机会来减轻负面的产出影响。这里存在着一个重大政策问题，我们将以德国为例，提出切实可行的解决方案，但我们开创性的政策建议也应该适用于其他的 OECD 国家。

第❷章 逐步淘汰核能和可持续能源战略的核心要素

在未来，如何取代目前使用的核电站发电呢？从技术上讲，以天然气或煤作为替代能源建设现代大型的发电站是没有问题的。另外，特定电厂的选址会存在一定的问题，因为替代性的电厂需要不同的基础设施，有时不能建立在今天的核电站所在位置。一般来说，选址问题都是有解决方案的，但这可能会导致企业市场份额的变化，或者需要新的供应商。对单个企业来说这是一种压力，但这在经济上是可以接受的。

在欧洲市场背景下，国家边界的作用在电力供应方面不同于以往，因为欧盟国家之间的电力公开贸易是由特定的欧盟内部市场指令来指导的。在不同的国家，仍然存在一些过渡性的问题和不平等的结构，特别是欧洲使用传输电网的价格尚未统一。但这只是时间问题，就像在德国那样，输电价格将逐步演变，从而适用于一个开放的市场，就更宽泛的欧洲而言，情况亦会如此。

在一段时间内，电网容量的"瓶颈"会限制电力的贸易。目前，无法想象德国核电站的所有生产能力均转为外部供应。然而，若德国放弃核能，问题便会是：在未来，国内能源应该占多大比例？我们必须考虑到欧盟以外的其他国家（瑞士、东欧、俄罗斯等）可能会有兴趣提供电力。因此，核能的部分替代电力可能来自电力的进口。

在欧盟，互惠条款适用于电力贸易。条款指出，如果一些国家不同意贸易，那么其自身也会被排除在贸易之外。这一条款不太可能用来阻止电力进口以替代核能。诚然，不同的欧盟国家在开放市场方面的进展有所差异，但必须考虑到该指令直到最近才生效，而且它允许存在一个过渡阶段。

对于非欧盟国家，特别是俄罗斯，电力贸易可能会变得更加困难。另外，德国对稳定的天然气供应具有相当大的兴趣。天然气作为核能的潜在替代品，具有特殊的意义，但是却不太可能发生一场贸易战来阻碍电力进口。然而，从长期来看，我们没有理由相信来自欧盟国家的电力进口会高速增长。

发电成本主要取决于发电厂的建设成本和能源成本。随着发电厂和能源市场的全球化，对于大多数欧洲国家，这些成本大致相同。因此正如大家所质疑的那样，放弃核能并不一定会导致绝大部分的电力供应发生转移。

从经济性上看，用现代化石燃料发电厂来取代核电站并不存在什么问题，只要核电站的剩余使用时间能够延长到替代性电厂的顺利竣工。另外，环境污染和温室气体的排放将增加。这就是为什么其他一些选择尚处于激烈讨论中。这些选择包括热电联产和使用可再生能源。最后，电力在很多应用领域的高效使用可以减少发电的特定投入——暂且不管经济增长——这样就可能降低电力消耗。下面将阐述这三种选择及其潜在的贡献。

2.1　可再生能源的作用和创新推广体制

2.1.1　热电联产的作用

为了提高能源使用效率，实现能量供应与环境之间的平衡，人们一直呼吁提高热电联产电厂的电力生产份额。通过热电联产，可以创造两种有用的产品，即热和电。发电过程中衍生的热能如果能够从经济意义上得到利用，那么发电过程的增加值将被提升。依据对热能的需求，可以将热电联产的潜能分为以下几种：

（1）工业企业。工业企业的热能需求通常强烈依赖于位置，而且需求高度集中。因此当所发电力可以使用时，其热能被利用的潜力也相当大。另外这种潜力取决于特定类型的生产及其特定的市场风险。

（2）住宅和商业建筑的取暖和热水需求。这种需求通常差异很大，因为巨大的需求仅发生在冬天几个月中，且对热能需求的强度比较低。因此，这类需求的结构与工业应用是不同的。

区域供暖（城镇或地区电网）可以充分利用这种潜力。从长期分析来看，要实现热电联产替代核电站，就必须假设热电联产和新的发电厂或供暖企业一样经济。

热电联产的技术潜力是巨大的，可以弥补大约 1/3 的发电量（包括工业热电联产）。到目前为止，这种潜力只有一小部分得以实现。热电联产的推出主要存在以下两个障碍：一是电力市场容量巨大；二是与天然气或个体供暖相比，如何比较经济地使用热电联产的热能还存在一些特定的障碍。

下面我们专注于分析第一个障碍，因为热能市场的环境特别依赖于位置和地区因素。从实践角度来看，在未来30年，几乎所有化石燃料发电厂的存量都必须加以替换。自2008年开始，直到2015年，对替代电力的需求将大幅增加，达到3兆瓦的年均增长率。从累积量上看，可以说，如果要提供等量的电力生产，那么到2015年大约30兆瓦化石燃料的电能将被替换。这说明热电联产具有巨大的潜力。

热电联产是否能够、并在多大程度上能够成为替代品，主要与电力市场的制度环境相关。由于市场的开放，目前电力市场正经历巨大的变化。由于电价剧烈下降，人们对热电联产扩张的可能性进行评估时一直持有怀疑态度。然而，新的政策框架还是为热电联产提供了许多有利条件，因为购买电力的电力价格（到目前为止还是较高的）和来自热电联产所提供电力的上网价格（到目前为止还是较低的）都会进行调整。

在未来，基于分散式热电联产的技术的广泛传播是有可能的，而地区性的热电联产企业可以提供小型的热能需求。我们预期，利用天然气提供的电能可以储存于燃料电池中，这种电池的大小可以根据特定的需求进行灵活的调整。而在满足地区性的热能需求时，也可以保持非常低的热能配送的附加成本，这样就可以提高整个经济体系的平衡。同时，必须指出，征收热能的能源燃料税（即对天然气税、取暖油征税）对个人取暖系统是有负面影响的，因为个人取暖系统对投入能源的利用低于热电联产。

未来热电联产能否作为更有效的能源使用形式在一定程度上取决于政治意愿。在这种情况下，政府的措施可能促进热电联产更广泛地传播，就像荷兰、丹麦早已经如此。因为一方面利用热电联产能带来更高的能源效率，进而形成宏观经济层面的优势；另一方面拓展热能传输网络需要巨额投资和长期的财政承诺，这会带来相应的经济风险。这两者之间还存在分歧。

热电联产会降低对能源的需求，进而减少对环境的污染。但是，这种排放优势取决于发电中所使用的能源类型。如果使用天然气的话，所有现存热电联产潜力的发挥可以降低电力行业多达20%的二氧化碳的排放。

这一潜力能否实现还取决于其他领域减少能源消耗所采取的诸多措施。众所周知，改善建筑物的隔热在很大程度上可以减少房间取暖所消耗的能源。我们也可以假定，在未来，对新建筑物所采取的法律措施也将在更大程度上应用到老建筑设施上。这些措施带来的热能需求减少也降低了热电联产的潜在需求。

在未来30年，如果把德国所有的发电厂都关闭，那么显然几乎所有的电力存量将被替换。在德国，放弃核能不是实施热电联产的必要前提条件。为进一步拓展热电联产，建立一批适应当地需求的、运转良好的、合理的小型电厂是非常重要的。从长远来看，与廉价的大型发电厂的发电规模相比，这些小型电厂必须具备一定的竞争力。

2.1.2 可再生能源的作用

在未来，使用可再生能源可以取代目前使用的能源。就发电而言，可以使用水电、风电、直接使用太阳能辐射的光电或其他太阳能发电站以及生物质能发电。表2-1显示了德国可再生能源对总能源供应和发电的贡献。大约2%的主要能源供应来自可再生能源，在发电方面，可再生能源占到约5%的市场份额，这里主要是指水电和风电。

表 2-1　1998 年可再生能源对总能源供应和发电的贡献

可再生能源（1998）	拍焦耳
水力发电（估计）	59
木（1994）	(47)
污水污泥、废物（1994）	(92)
沼气（1994）	(13)
风（估计）	18
光伏	0.04
合计	284
主要能源消费总量	14320
可再生能源对总能源的贡献（约）	2%
可再生能源发电（1998）	太瓦时
水力发电	19
风电（约）	4.6
废物等（约）	2
生物（约）	1
光伏	0.03
合计	26.5
相应的比例（约）	5%

资料来源：BMWi, Energiedaten 1999; Energiebilanz; own calculations; For Power: IWR Münster.

水电的潜能或多或少被耗尽，并且进一步提高水电可能导致与自然保护的冲突，因此对可再生能源增长的贡献必须来自其他渠道。今天，利用可再生能源发电得到电力供应法的支持。可再生能源的发电机获得合法的固定的最低价格，这一价格与平均电力价格水平是挂钩的。可再生的电力会纳入到一般的电力系统，当消费者支付他们的电费账单时，会自动为可再生能源买单，否则和市场价格相比，可再生电力是不够经济的。

由于电力市场的自由化，现有的这些激励措施必须加以修订。一种可能性是进一步修改电力供应法，促使电力市场走向更多的竞争；另一种可能性是实施配额制度。

对于后者，政府可以规定电力市场的一定比例必须来自可再生能源。电力的生产商、分销商或消费者都有义务使这一比例得以实现。可再生能源的生产者所提供的可再生能源能够获得相应的证书，这种证书可以在股票市场上出售，同时可以作为履行义务的证据。这种做法对国际电力市场也很有意义，因为一些欧洲国家（荷兰、丹麦）已经开始实施这样一个系统，绿色能源的跨境贸易以及认证都是可行的。在德国，关于推出量化的针对可再生能源和热电联产的激励措施的讨论也已经开始。

暂且不论关于电力市场可再生能源的刺激手段的讨论结果如何，可以确定的是，在未来可再生能源的额外融资无疑是必要的。对风电而言，需求融资取决于选址的质量。在某一地点"收获"的风能越多，在该地点发电越能取得较好的经济平衡。"收获"的风能是风速的三次方，因此地点之间的细微差异都具有很大的影响（风速提高 10%，电力产出会增加大约 1/3）。

当较佳的地理位置不再可以轻易得到时，风电只有通过如下方式才能进一步传播：

（1）开发那些平均风速较弱的地址，这将导致更高的成本。

（2）安装新型的、性能更好的、规模更大的发电设备，以便今后在现有地点增加产出。

（3）充分利用国外电厂的新潜力。

风力发电站的一个特殊问题是风能供应不稳定，因而无法可靠地规划风能对电力供应的贡献。因此，除了每个风力发电站之外，还需要准备更多的发电站容量，以取代无风时风力发电站的产能。

使用生物质能燃烧来发电也是极有可能的，因为这种电力供应是可以规划的。由于可用生物质能的能量密度比较低，导致运输成本相对较高，这就是为什么分散式发电厂更适合这种燃料。

今天，人们要求越来越多比例的电力来自可再生能源。这已经被考虑在我们所有的各种关闭核电站的时间表的方案中。我们设想基于可再生能源的发电站的产能会越来越高。有人可能会说，只有当逐步淘汰核能时才需要这样做，但这种观点并不完全正确。可再生能源对未来能源供应的重要性如此巨大，以至于不管使用哪种发电站都要开发它。因此在德国，可再生能源作为发电厂现代化的一部分，被纳入到分析情景中。

2.1.3 提高能源效率

看看德国的整体能源消耗，从初级能源的提取到最终所期望的能源服务（可实际使用的能量），很显然，只有 1/3 的初级能源总量可以用作可实际使用的能量。2/3 的能源或者在转换阶段，如在电力生产过程中丧失，或在用户的转换设备中丢失，即它不能用于实现既定目标。终端能源和可实际使用的能源见表 2-2。

表 2-2　终端能源和可实际使用的能源

单位：Mt SKE

项　目		终端能源	损耗	可实际使用的能源	能效程度（%）
工业	热处理	57	23.4	33.6	58.9
	空间供暖	9.5	2.8	6.7	70.5
	机械能源	15.7	5.7	10	63.7
	照明	1.2	1.1	0.1	8.3
	通信	1	0.1	0.9	90.0
	合计	84.4	33.1	51.3	60.8
交通运输	热处理	0	0	0	0.0
	空间供暖	0.3	0.1	0.2	66.7
	机械能源	88.3	72.4	15.9	18.0
	照明	0.3	0.3	0	0.0
	通信	0.3	0	0.3	100.0
	合计	89.2	72.8	16.4	18.4
家庭	热处理	13.6	7.3	6.3	46.3
	空间供暖	69.4	18.7	50.7	73.1
	机械能源	4.5	2.7	1.8	40.0
	照明	1.4	1.3	0.1	7.1
	通信	1.7	0.5	1.2	70.6
	合计	90.6	30.5	60.1	66.3

续表

项 目		终端能源	损耗	可实际使用的能源	能效程度（%）
贸易/服务	热处理	11.8	6.7	5.1	43.2
	空间供暖	27.9	8.1	19.8	71.0
	机械能源	10.2	4.3	5.9	57.8
	照明	2.8	2.6	0.2	7.1
	通信	1.2	0.2	1	83.3
	合计	53.9	21.9	32	59.4
所有行业	热处理	82.4	37.4	45	54.6
	空间供暖	107.1	29.7	77.4	72.3
	机械能源	118.7	85.1	33.6	28.3
	照明	5.7	5.3	0.4	7.0
	通信	4.2	0.8	3.4	81.0
	合计	318.1	158.3	159.8	50.2

资料来源：RWE Energiebilanz 1995.

因此，在未来，能源利用的改善是一个能以较少能源投入实现同等收益的重要途径。最后，我们可以核查在哪个使用领域、需要投入多少能量才能达到一定的利益目标。概括起来存在以下可能性：

（1）在转换阶段改善能源的使用（也可参见热电联产这部分内容）；

（2）在能源用户层面提高能源效率；

（3）优化能源使用（"节能"）。

提高效率和节约能源在所有的经济领域的潜力都很大。但是从讨论上看，常用的节能潜力和电力领域的节电潜力是混为一谈的。

就电力而言，存在如下改进的潜在领域：一是用非电力代替电力，譬如供暖领域；二是提高电力设备和使用系统的效率；三是在特定应用领域减少对可实际使用的能源的需求。

电力使用的效率在一定程度上直接与电器设备的技术相关，同时也取决于使用的行为。例如，共有 20 太瓦时的待机能源损耗就属于这种情况。提高技术方面的能源效率所需时间等同于完全更换现存的电器设备的耗时。另外，可以通过很多政策选择来影响新电器所采用技术的能效标准，最终降低能耗水平。如果将可获得的最佳技术与已应用的平均技术相比，那么在特定电器的耗能方面存在着巨大的节能潜力。假设人口数量以及电气设备的使用保持不变，那么对能源的需求很可能降低。但是，这种想法的未知因素在于未来人口的发展和国家产品的变化，这将直接或间接决定未来的电器数量及其使用。它也取决于消费的绝对量是减少还是增加。

目前，鉴于德国的人口年龄分布，预计 2005 年之后其人口数量将下降。然而，移民对人口的实际发展有重要影响。考虑到欧盟即将向东欧扩展，以及德国作为一个移民国家的高吸引力，移民问题对很多国家的经济秩序以及由此产生的耗能模式来说非常重要。在这里，有关允许进入的移民数量的政策也会间接地对能源和电力消耗产生影响（Otte，1999）。

2.2 关闭核电站可供选择的时间表

我们将在这节分析德国现有发电站不同发展路径的影响。我们使用模拟模型来分析，从而能够比较它们各自不同的未来。我们关注的问题是，有没有核电站究竟会造成什么样的影响？针对未来电力的需求、价格和成本，我们提出各种不同的假设，并进行额外的敏感度分析。

假设到 2030 年，核电的发电量会被新的发电站取代。我们进行决策时，不能只考虑这些发电站。在未来，电力的需求可能会改变。在这里我们把未来的电力需求视为一个给定的常数。在既定范围内，现有的电站可以有不同的用途。另外，它们也存在一个厂龄分布问题，到 2030 年时许多老的发电站将被新电站替代。在考虑这些发电站的用途时，应该与核电站未来的命运挂钩，这是符合逻辑的。从这个观点出发，我们要考虑到现存发电站的总数，以及发电站数量在未来将会如何变化，以提供与今天相同的发电量。

当放弃核能时，现有电站的使用方式将会不同于以往，而且需要建立新的发电站来取代损失的电量。为了能够以一种易于理解的方式来分析所有这些问题，从而可以模拟未来不同的场景，我们建立了一个详细的德国发电厂总量模型，将所有发电厂视为一个"德国股份公司"，然后根据同质的标准对这个发电厂未来存量的发展和分布做出决策。从宏观经济的角度来看，这是合适的。除此之外，通过关注整个电力系统的部分元素（即今天的需求水平），我们可以根据这一需求水平来实现未来发电站产能的最佳调整。这样我们可以省去很多问题，如在未来电力进口的作用，或在未来提高能源效率的作用等，因为所有这些问题都会影响到需求的增长，而这不是我们关注的问题。

图 2-1 显示了三种不同场景下的发电的总体情况。总的来说，到 2030 年，目前发电的最大部分将不得不来自新电站，这些新电站将取代现有的化石燃料发电厂和核电站。我们事先设定了可再生能源的贡献水平。

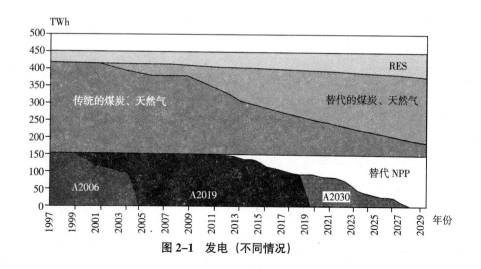

图 2-1　发电（不同情况）

我们计算了三种不同的逐步淘汰核能的方案，并在三种方案之间存在差别的基础上评估了核能对宏观经济的影响。第一种方案假设核能技术寿命为40年，以此来逐步淘汰核电站；第二种方案假设在2019年之前逐步淘汰核能；第三种方案假设到2005年快速地淘汰核能。考虑到"其他"发电厂的厂龄分布，在这段时间内其他发电厂会发生巨大的变化。因此，转型期的长短不同，三个方案在对其他电站的设计方面也存在差异。方案的终止日期是事先确定的（2030年），因为不管怎样，到那时所有现存核电站都必须被替换，因为它们的技术生命已接近尾声。因此，在这时不同方案又趋于一致了。但是在这个特定年份，电站的组合结构不一定是相同的，因为在这一过程中可以根据环境的不同来制定不同的发电站替代决策。

2.2.1 场景的定义

在公众讨论中，人们分析了解决核能问题的不同方案。我们提出在2005年逐步淘汰核能是基于联盟90/绿党的考虑。该建议是把经营许可限制为25年，并另外设定一个放弃核能的最后年限。在我们设计的方案中，主要考虑逐步把所有达到25年厂龄的核电站断网，并到2004年关闭所有其他核电站。

在2019年的中期方案中，我们假设所有核电站能够达到的最长生命周期为40年；只要到2019年是可行的就行。但不管怎样，所有的核电站最迟都必须在那一年关闭。

在2005年逐步淘汰方案：法律修正案生效后给予一年的过渡期，每一个核电站的经营许可期限为25年，此外在2004年年底所有剩余的核电站必须关闭。

在2019年逐步淘汰方案：核电站的经营许可基本上无上

限。但是，所有核电站最多运行 40 年，最迟必须在 2019 年关闭。

　　在 2029 年逐步淘汰方案（参照情形）：核电站的经营许可基本上无上限。对于每一个核电站来说，最多按 40 年的寿命计算。现有核电站的使用将逐步下降，直到 2028 年年底结束。

2.2.2　一个简单的估计

　　要简单地评估核能的价值，可以通过参照不同情形下所产生的额外千瓦时乘以平均的额外价格来计算，这将适用于逐步淘汰核能的情况。折旧后的核电站发电的燃料和运营总成本约为 0.04 德国马克/千瓦时。而其他（新）电厂的额外电力成本为 0.025~0.05 德国马克/千瓦时，这取决于能源投入种类和电厂的类型。

　　在 2005 年逐步淘汰方案中，假设特定的额外成本为 0.025 德国马克/千瓦时，那么总的额外成本为 690 亿德国马克，而在 2019 年逐步淘汰方案则为 120 亿德国马克。如同后面所展示的，这过高估计（根据今天的燃料成本）了实际的额外成本。主要有以下两方面的原因：

　　（1）对于这个计算，我们假设所有由核电站来提供的千瓦时必须由其他新的发电站来替代。这与实际情况不一定相符，而是取决于现有发电站产能的使用情况。

　　（2）在逐步淘汰方案中，经过一定时间后替代性的发电站也将完全折旧，然后它们将只需要支付燃料和运营成本。因为目前考虑的时间段超过 30 年，而发电站通常是在 20 年内折旧完，这是我们分析的一个相关因素。

　　要从方法论上取得更好的结果，我们可以查看发电站总储量的变化，并考虑到燃料价格变化的不同假设。这里需要一个复杂的动态计算，这样每一个发电站的贡献都可以根据具体的价格成本情况来进行调整，而且可以根据价格成本的考虑来规划替代性的发电厂。我们的分析就是基于这样一个模型。

而且这样一个简单的计算没有考虑到对经济和环境的影响。只有借助更为复杂的建模方法才能分析对宏观经济的影响以及对环境的影响。

2.2.3 方法

就发电厂为公共提供电力的能力而言，所有情形都是基于同一考虑，即在未来现有的空闲容量不会保持在相同的水平。总的说来，发电容量会降低，这样从中期来看，可用的净容量将保持为90GW。对不同类型的发电厂以及不同的情形来说，容量的减少并不是同质的。在所有情形中，对褐煤、水电和可再生资源产生的电力的处理方式是一致的。下面的段落将描述我们的处理方法。至于核能、硬煤和天然气发电的情形，其具体方法将在后续章节中描述。

（1）褐煤。就褐煤的开发而言，我们提出如下假设：到2010年来自褐煤的最大发电量将为130太瓦时，在此之后最大发电量只会达到70太瓦时。之所以这样假设的原因是，当分阶段的淘汰核能同步进行时，褐煤的大量使用与气候政策的目标是不相容的。

（2）可再生能源。多项研究比较宽泛地预测了可再生能源对未来发电的贡献。在我们的模型中，我们估计可再生能源带来的净发电量将增加到大约70太瓦时。和今天相比，这等于增长了3倍，预计到2030年达到发电市场约15%的份额。要达到更高的市场份额都是可能的，这也符合生态目标，但这对所有情形都相同，因而不会影响到本研究的结论。

2.2.4　参照方案：逐步淘汰现有的核电站

参照方案拟在 2028 年年底前逐步淘汰现有的核电站。我们假设从技术角度来看，所有 19 个核电站（译者注，德国当时有 19 个核电站）可正常运作的寿命均超过 40 年。核电站的运营成本被估计得很高，从经济角度来看，这似乎也是可能的。第一个脱网的核电站将是在 2007 年年底脱网的 Obrigheim 核电站，最后一个将是在 2028 年脱网的 Neckarwestheim-2 核电站。

根据目前的规划，到 2006 年硬煤发电厂的数量不会显著增加。据估计，2006 年之后不会再建设新的发电厂，直到全部可用的发电净容量降低到 90GW 以下。

因此，在模型中一些过剩的发电能力会被降低。从那时起，只有为了维持 90GW 的可供电量需求时，才会建设额外的产能。在 2016 年到 2030 年，将需要建立相当大的新电站以满足 35GW 的需求。一方面，20 世纪 80 年代关闭的核电站必须被取代；另一方面，需要建设新电站来取代部分减少的核能产能，这部分产能无法依靠新建天然气发电站和加强使用可再生能源而得到补偿。

2.2.5　加速核能的逐步淘汰

在这里，我们区分以下两种情况：对于 2005 年的逐步淘汰方案，我们估计，随着逐步淘汰核能的相关法律于 1999 年 1 月 1 日生效，Obrigheim 核电站（启动于 1968 年）、Stade 核电站（1972 年）、Biblis A（1974 年）将脱网，因为到那时它们将达到允许运营的最长期限（根据电力行业为期一年的共识会谈产生的联合协议，这个日期被推迟了一年，但这并不会影响到本研究的结论）。到 2000 年年底，Biblis B 核电站（1976 年）、Brunsbüttel 核电站（1976 年）和 Neckarwestheim-1 核电站（1976 年）将脱网，接下来 Isar 1 核电站（1977 年）、Unterweser 核电站（1978 年）和 Philipsburg 核电站（1979 年）也会逐步脱网。到 2005 年所有核能将不再用于发电。

我们无法假设，到 2005 年在基本负荷电力领域短期减少的 20GW 容量可以由现有发电厂给予补偿。从计算角度来看这可能是可行的，但在实践中，这意味着几乎所有统计的注册发电厂，包括那些备用的发电厂，都将会被使用，不论其技术条件如何、员工是否到位，而且要求每年无故障运行 6000 多小时。因此，我们假设 50%脱网的发电站需要立即由新建电站来进行替代，这看起来是合理的。

在 2019 年逐步淘汰方案中，我们假设可以达成如下协议，即到 2019 年年底所有核电站将被关闭。也有可能核电站仍然可以继续运营，直到预期的 40 年寿命为止。根据这个假设，剩余的核电容量会比较小，而且到 2030 年会一直不断减少，因此继续降低核能产量的意义不大。

2.2.6 能量来源和价格选择

发电厂一般同时投资于天然气和煤炭，以限制天然气价格的增长。相应地，在模拟模型中，我们考虑了在未来发电中根据各自的比较成本，同时利用天然气和煤炭来发电。不同的市场主体对天然气和煤炭组合的合适比例拥有各自不同的观点。要对未来天然气市场的供需行为进行科学分析几乎是不可能的。但是可以假设，快速切换到天然气会导致天然气市场的动荡反应，这将导致天然气价格猛增。为了说明这些影响，我们计算了不同价格情形下的状态。

2.2.7 价格的意义

当价格变化时，不同发电方式的相对经济效率也可能发生变化。相对于其他燃料而言，如果天然气的价格较低，而且这个低价格能够保持稳定，将对天然气发电特别有利。但是如果（和煤炭价格相比）天然气价格略高，情况就会变得对煤炭有利。在模拟模型中，对于每一个价格方案，发电站存量要达到经济意义上的最优化。我们每年根据现有发电站的数量及其成本，以及额外建设的新电站，来确定电站的最优分布和电站运营的最优规划。

因此，不同的价格方案就自动意味着不同的电站分布，以及新老电站不同的使用模式。

2.2.8 二氧化碳的排放

在燃烧化石燃料的时候，温室气体二氧化碳就会出现。就温室气体的排放量而言，不同情形之间的差异很大。经济政策所瞄准的不同目标之间存在着相当大的冲突：来自无烟煤和褐煤的发电（国内增值）与二氧化碳减排的气候政策目标是冲突的，而为了避免产生进一步的二氧化碳排放，需要在发电站更多地利用天然气发电，但是这又可能与尽可能经济地发电的目标冲突。

我们在模拟模型中考虑到如下环境要求：核电站不排放二氧化碳，因此，在缓慢地、逐步地淘汰核电站的过程中，我们可以假设发电时产生的二氧化碳会逐渐减少。

首先，由于效率提高，新的化石燃料发电站每度电排放的二氧化碳量大幅下降；

其次，在未来可再生能源的重要性将加强；

最后，核电站完全避免排放二氧化碳仍然是有可能的。

这样，电力行业对减轻二氧化碳排放将具有显著的贡献（在2015年的水平将达到220万吨）。

上述目标冲突表明，在核能逐步淘汰的方案中，要持续地将褐煤转换成电能与二氧化碳减排的目标是不兼容的。因此，在所有情形中，褐煤的转换从2010年起就固定在一个最低的70太瓦时水平，而不是130太瓦时（为了具有可比性，这一规定也适用于没有二氧化碳排放限制的情况）。显然，由于不同的能源来源包含了不同的二氧化碳含量（见表2-3）。如果必须降低二氧化碳的排放，同时核能又不再提供，那么天然气必须在发电中发挥特殊的作用。

表2-3　二氧化碳排放因子

二氧化碳排放（初级能源）	公斤/千瓦时
硬煤	0.335
褐煤	0.407
天然气	0.200
轻质油	0.267
重油	0.285

另外，这意味着若限制二氧化碳排放，天然气需求将迅猛增加。如果对天然气的价格没有影响，这一切仍能维持吗？

对于德国的部分天然气供应商来说，当德国政府出于气候政策原因限制用煤，并在德国逐步淘汰核能时，自然而然地形成了一个对天然气有利的市场。因为没有天然气的替代品——至少目前是这样，显而易见，煤炭使用受限制将导致天然气的价格上升。在模拟模型中，我们考虑到这一情况，根据天然气的需求状况，允许其价格上涨超过趋势值的20%。在价格水平为"不变价格"时，趋势值一直保持不变；但是，在价格水平为"高价"时，根据1995年的Prognos方案，趋势值是增加的。至于天然气价格比趋势值增加多少，则取决于其需求。

我们假设需求可以达到某个趋势值，在这个趋势值范围内不会导致价格上涨，但一旦超过这个趋势值时，价格则有可能上涨。

2.2.9 结果

我们在一个简单的表格中用数据显示了模拟计算的结果（见表2-4）。表2-4中显示了到2030年必须要新建的发电站、到2030年为止根据电站类型计算的累计发电量以及发电的累计总成本（所有成本以1998年德国马克计价）。为了方便比较，表格中分别显示了不同方案之间的差异性。

表2-4 不同方案的名称

方案 \ 价格 \ 指标	二氧化碳没有限制		二氧化碳有限制	
	价格		价格	
逐步淘汰	不变	上升	不变	上升
2005年	5K	5S	5CK	5CS
2019年	19K	19S	19CK	19CS
2029年	29K	29S	29CK	29CS

另外，针对电力消耗的降低或增加，供应量变动带来的天然气价格上升以及不同的运营成本进行了灵敏度计算。

在所有方案中，大约70GW的发电容量将在未来30年内建设起来。在不变价格情况下，天然气发电站将占据主要的市场份额，小部分市场由煤电站补充。然而，在解释这些结果时，必须考虑到我们运用的方法。煤电站最好用于承担基本负荷，天然气电站则用于承担中心和高峰负荷。

在不变价格情况下，发电站的存量分布几乎没有发生大变化；当价格上升时，在所有逐步淘汰核能方案中发电站的存量结构也基本不变。当天然气价格比煤炭价格上升更为强劲时，经济阈值更趋向于煤炭，结果导致天然气发电站的数量明显减少。在价格上升时，这是更经济的解决方案。图2-2和表2-5分别显示到2030年的电力生产成本以及能源生产份额。

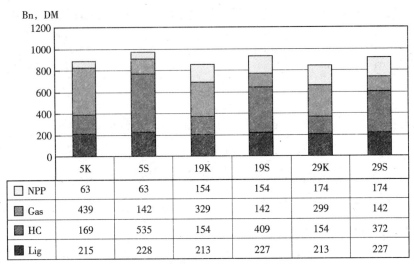

图 2-2　到 2030 年的电力生产成本

	NPP	Gas	HC	Lig
5K	63	439	169	215
5S	63	142	535	228
19K	154	329	154	213
19S	154	142	409	227
29K	174	299	154	213
29S	174	142	372	227

表 2-5　能源生产份额

成　本	核电（%）	褐煤（%）	硬煤（%）	天然气（%）
5K	7	25	21	46
5S	7	25	58	9
19K	24	25	19	32
19S	24	25	42	9
29K	27	25	19	29
29S	27	25	39	9

如表 2-5 所示，在 2005 年当价格不变并逐步淘汰核能这一方案中，到 2030 年时大约一半的发电将由煤承担，大约 7% 由核能承担，其余部分由天然气承担。采用相同的逐步淘汰方案但是价格上升时，天然气的比例降到大约 9%，这对煤电是有利的。

如果采取后期逐步淘汰方案，那么化石能源所占的市场份额则相对降低。在 2019 年逐步淘汰方案中，核能所占比例为 24%，在 2029 年逐步淘汰方案中，核能则占总生产的 27%。相应地，在这些方案中，在天然气价格不变的情况下，天然气的市场份额都降低了。在这里，大约相同数量的天然气发电站会建立起来，但会延迟使用。

根据不同的逐步淘汰方案和价格的变化，发电的成本有所不同。图 2-3 显示了与 2029 年逐步淘汰方案相比产生的额外成本。在不变价格情况下，额外成本相当于 460 亿德国马克（2005 年）到 100 亿德国马克（2019 年）；在价格上升情况下，额外的成本约 520 亿德国马克（2005 年）或 170 亿德国马克（2019 年）（在另一项研究中我们计算的值为 750 亿德国马克，但对价格变化以及褐煤市场份额的假设略有不同。这在图 2-3 中显示为（价格 R））。

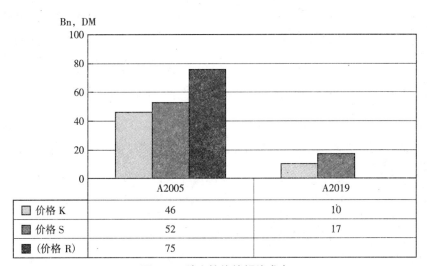

Bn, DM	A2005	A2019
价格 K	46	10
价格 S	52	17
（价格 R）	75	

图 2-3　放弃核能的额外成本

从宏观经济角度来看，如果很早放弃核能，德国经济最初将损失大量资金。如图 2-3 所示，在后期逐步淘汰方案中，这些数字还要低得多，因为核电站的生产潜能会有所下降。值得注意的是，这些成本考虑的是截至 2030 年的整个时期。就这一时期的总产量而言，约为 14000 太瓦时，产生的额外成本在每度电 0.1~0.4 芬尼（见表 2-6）。

但这还不是需要考虑的全部成本。尽早淘汰核能会导致二氧化碳温室气体排放增加。额外的排放量取决于逐步淘汰方案实施的时

表 2-6 额外成本（芬尼/度）

额外成本	芬尼/度			
（截至 2030 年）	5K	5S	19K	19S
不限制 CO_2 排放	0.3	0.4	0.1	0.1
限制 CO_2 排放	0.6	0.8	0.1	0.2

间以及不同的价格情况。不同方案的可比性是人为给定的，如果排放量没有区别的话。就整个经济而言，避免特定的排放可以采取以下两种方案：

第一种是在其他经济领域付出额外努力，以减少二氧化碳排放。这会导致那些领域产生额外成本。最近 STE of the Forschungszentrum Jülich 采用了所谓的 IKARUS 模型得到了一定的计算结果。该模型显示，如果设定 25% 的减排量，那么二氧化碳减排的短期额外成本（直到 2005 年）达到每年 50 亿~100 亿德国马克。但是，这只是一个短期的逐步淘汰方案。对于较长期的淘汰方案来说，法律变动和新法律的出现会存在很多的可能性，为了减少影响气候的气体，这种情况总是会发生的，因此额外成本将会大大降低（Markewitz，1999）。

总的来说，这里展示的计算结果低估了额外成本，因为这是和参照方案进行对比的，即核能逐步淘汰方案。同样地，当逐步淘汰核电站时，其带来的永久的二氧化碳减排也需要通过其他方式得到弥补。在这里，未来进一步的研究必须将热电联产和可再生能源这些替代方案纳入到以经济性为导向的方案框架中。

我们在这里展示的第二种二氧化碳减排的可能性是在逐步淘汰方案中选择能源的分布，这样在不同的情况下会产生相同的二氧化碳排放量。这时二氧化碳减排的额外成本必须由电力部门，而不是其他经济部门来承担。如上所述，我们计算了二氧化碳减排下逐步淘汰核能和价格的所有变化。

与没有二氧化碳排放限制的逐步淘汰方案相比，在有二氧化碳排放限制的逐步淘汰过程中，天然气发挥了更为重要的作用（见表 2-7）。在所有的变化中，新建设的主要是天然气发电站，以及很少一部分的煤电站。根据燃料价格，发电站的用途会稍有不同，但这种差异非常细微。

表 2-7 能源市场份额（二氧化碳排放有限制）

成本	核电（%）	褐煤（%）	硬煤（%）	天然气（%）
5K	7	25	13	55
5S	7	24	14	54
19K	24	25	19	32
19S	24	25	24	27
29K	27	25	19	29
29S	27	25	27	21

依据在逐步淘汰核能的方案中有无二氧化碳排放限制带来的成本差异，我们可以计算出限制二氧化碳排放的额外成本，见图 2-4。避免二氧化碳排放的成本与没有二氧化碳限制的逐步淘汰方案的成本大致处于同一区间（见图 2-5、图 2-6）。因此，逐步淘汰方案的成本几乎是加倍的。但是，这些成本和后期逐步淘汰方案相比还是比较低的。这是因为这里是与参照路径相比较，即核能逐步淘汰路径。

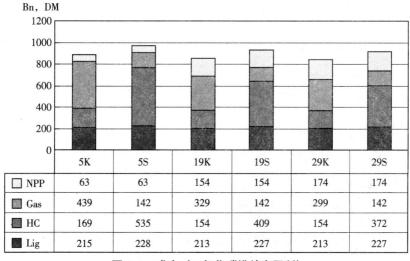

Bn, DM	5K	5S	19K	19S	29K	29S
□ NPP	63	63	154	154	174	174
▨ Gas	439	142	329	142	299	142
▦ HC	169	535	154	409	154	372
▪ Lig	215	228	213	227	213	227

图 2-4 成本（二氧化碳排放有限制）

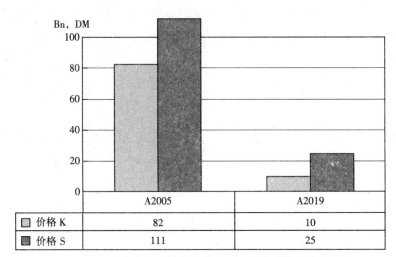

图 2-5　逐步淘汰方案的额外成本（二氧化碳排放有限制）

	A2005	A2019
价格 K	82	10
价格 S	111	25

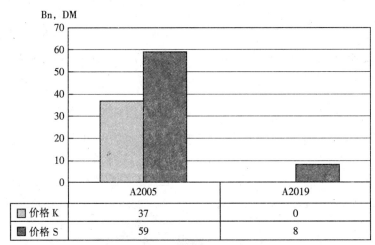

图 2-6　避免二氧化碳排放的成本

	A2005	A2019
价格 K	37	0
价格 S	59	8

这里我们可以得出以下两个结论：

（1）通过采用天然气发电，电力行业的二氧化碳减排在一定程度上是可能的。

（2）在这种情况下，天然气将不得不承担这个重要角色。这很可能增加天然气价格上升的风险。

2.3 能源安全与能源供应的外部维度

由于多方面的交互作用，当能源供应系统发生变化时，将会产生许多影响。例如，如果天然气发电站取代煤电站，将有产生下面一系列确定的影响：相同产能的天然气电站的投资需求会低很多，这会影响到发电站行业。如果新电站采用进口燃料替代国内燃料，将会影响到国内能源生产和就业形势。另外，可能诱发的价格效应也会对经济产生影响。如果电力变得便宜了，电力消费者可以节省资金，将其用于其他用途。整个消费结构以及以此为基础的生产结构和进口结构都会受到影响。

下面我们描述一些经济方面的影响，但它们并没有涵盖所有可能的方面。就业影响分析是基于宏观经济的投入产出模型。通过这个模型可以确定就业因子，这对不同的效应来说是非常重要的，必须加以考虑。它们说明了为了生产某一特定产值，我们的经济直接或间接地需要多少员工。

2.3.1 国际收支影响

表 2-8 显示了在逐步淘汰核能方案中所需的额外的燃料进口额（与参照方案相比）。其对国际收支的贡献是否符合期望取决于特定的宏观经济形势。无论哪种情况，额外的支付必须通过额外的出口利润来进行补偿。

表 2-8 国际收支影响

单位：十亿德国马克

相对于参照方案的额外进口	5K	5S	19K	19S
不限制 CO_2 排放	121	94	21	18
限制 CO_2 排放	134	183	21	40

2.3.2 就业影响

和整个经济体相比，电力行业是一个非常小的部门。但是，该行业的剧变，如发电站存量结构的快速变革会对宏观经济产生相当显著的影响，因为电力行业的资本密集度特别高。我们用投入产出模型来分析其对宏观经济的影响。电站存量的结构性变化诱发的投资为投资产品的供应商带来了订单。因此这些变化能够创造需求。

另外，当逐步淘汰核能时，电站存量的结构性变化也带来额外的成本。这对电力消费者来说意味着更高的支出。对于家庭来说，电力开支与其他消费支出形成竞争，都需要从他们的预算中支付，这会导致家庭减少其他费用的支出。对于那些参与国际竞争和那些需要大量能源的企业，如在某些特定的工业部门，它们的生产成本将会上升，从而削弱其国际竞争力。总的来说，可能会导致相当复杂的影响（Pfaffenberger，1995）。

表 2-9 列出了一些重要的影响。

表 2-9 就业影响

种 类	内 容
1. 投资影响	新发电站的投资会产生直接的和间接的就业影响。
2. 运营影响	发电站维护和运营，包括燃料提供。
3. 预算影响	逐步淘汰核能的额外成本取代了电力消费者的其他费用。
4. 区域影响	与区域相关的是，会出现不同的直接和间接的就业形式的变化以及地方税收的变化：替换性发电站所处地区的额外就业，核电站所处区域的损失。
5. 动态影响	为了适应不同的价格水平和其他情况引起的市场变化，及其对产业结构带来的相应影响。
6. 外贸影响	a. 发电站、燃料和电力的出口和进口的影响； b. 供应商（发电站、天然气和进口的煤炭）取得的不同货币的收入及其在其母国购买商品的结果（国际收支影响）。

为了改变发电站的存量结构所需的投资可以通过不同的方案设计来确定。但是对经济影响来说，额外的成本也是相关的。它们可以通过一个粗略的计算来进行评估，假设额外成本只会导致与关税消费相关的价格上升。如上所述，对于在国际市场上竞争的电力消费者来说，涨价是不太容易被接受的。

图2-7说明了逐步淘汰核能方案对就业的影响（Pfaffenberger，1998）。图2-7主要显示了不同逐步淘汰方案带来的失业结果。两种主要的效应能够对其进行解释：

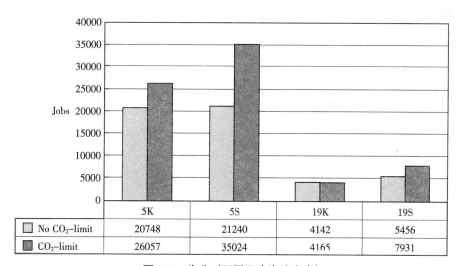

	5K	5S	19K	19S
No CO₂–limit	20748	21240	4142	5456
CO₂–limit	26057	35024	4165	7931

图2-7　失业（不同逐步淘汰方案）

（1）电力的额外成本对就业产生负面影响（预算影响）。

（2）当逐步淘汰核能时，将不再需要核电站高额的运营成本，这在很大程度上被视为国内增值。替换性发电站（天然气或煤）的运营成本相当低，只相当于核电站运营成本的25%。运营成本包括支付核电站直接雇用的员工（这部分人数很少）和所有提供保养和维修服务的供应商的支出。

尤其对于短期逐步淘汰方案来说，其对应的失业率会很高，因为在较长一段时间内，其对应的国内附加值将会丧失。而替换性发电站主要使用进口燃料，在德国这只会增加少量附加值，由必要的运输来实现。

从整个时期来看，投资影响不是很重要，因为在总的这段时间内，所有逐步淘汰方案的投资金额大致相同。然而，它们出现在不同时期。在其对应的时期内，影响可能完全不同，本书无法详细阐述。

2.4 逐步淘汰核能

不同方案估算的目的不在于进行预测，而是为了识别相关领域的问题，考虑到各种可能的替代方案。因此，我们得出如下一些结论。

（1）我们分析的目的不是将核能作为一种能量来源进行综合评估。那样做的话需要一个长期的、全局性的评估。在现实生活中，德国对核能的看法在很大程度上取决于政府的未来决策。现有的核电站是具有竞争力的，但是在目前的竞争环境下建造新的核电站是不太可能的。只有通过政府干预，核能发电才能维持。在能源政策方面，英国的竞争模式和德国的"死胡同"模式都面临这个问题。如果一个社会决定支持核能，那么它必须遵循法国、韩国或日本的方式。核能领域的私人投资者需要得到保护。

（2）如果这种逐步淘汰核能方案（不考虑经济方面的影响）即将实施，那么面临的问题是如何淘汰目前正在运营的核电站。这些电站能在未来更长一段时期对发电做出贡献，从总量上看，甚至可能高于它们已经做出的发电贡献。

（3）快速淘汰核能意味着大量资本损失。对这些资本的估算取决于对所替换的核电站的评估。这取决于未来能源的价格，尤其是逐步淘汰的节奏等因素。在这里，我们计算了各种不同的方案。按照今天的价格和成本来看，天然气电站替代核电站的方案在很大程度上还是很有优势的。同时，这一战略要求天然气在需求量急剧增加而价格不变的情况下保证供应。就天然气市场结构而言，最后一个条件似乎不太可能实现。

（4）考虑到价格和成本因素，综合天然气和煤来替代核能的混合战略更容易被接受，但它面临气候政策方面的重大问题，因为这一战略将带来更多的温室气体排放。

（5）一个对气候影响中性的逐步淘汰核能方案会增加淘汰成本。因为要达到这一目标，要么其他经济部门对温室气体减排做出更多贡献（高于核能的减排贡献），要么电力部门本身必须要增加天然气的使用以减少温室气体排放。这意味着在煤炭生产领域要限制创造大量的国内增值。

（6）可再生能源即使做出更多贡献也不能解决温室气体排放这个问题：可再生能源的使用与温室气体的排放没有直接关系。如果核能能被可再生能源替换的话，气候平衡会在长期内保持不变。但这不会对温室气体减排有所贡献。

（7）在德国热电联产具有很大潜力，这一点尚未被开发。如果分散式的电站能够提供廉价热能，那么在未来这些电站在提供电力和热能方面将做出重要贡献。在当今的经济环境下，引入这类电站存在着巨大的障碍，因为市场不能够补偿热电联产带来的环境优势。

（8）当逐步淘汰核能时，能源政策需要考虑如何在全球经济框架下实现环境稳定、经济稳定以及政府稳定的结合。与此相关的立法需要进行重大的调整。从宏观经济来看，如果核电站的盈利——只要安全方面有所保障——能够投资于这些体制改革任务，那么优势还是很大的。如果全社会达成共识，来延长核电站的运营时间，同时开始重视对可再生资源和热电联产的支持，并且充分发挥节能的潜力,那么逐步淘汰核能从经济上看还是合理的。

2.5 核燃料再加工和核废料的处理、存储问题

核能使用中,核燃料的购买与在国际市场上购买其他初级能源是类似的。但对于核能源,政府政策的影响和核废料的处置很特殊。研发,尤其是基础研究以及政府的监管非常重要。其目的是保护人类,防止核材料扩散被用于武器生产(不扩散),这是国际合约所规定的(如非核扩散条约、原子能共同体)。这两方面也适用于核废料处置。这里出现的另一个问题是,在发电和最终的储存之间会间隔好几十年,这取决于所需要的中间储存物理技术。此外,无论核能的前景如何,核电站的处置都是必须的,因为废料是在过去产生的,而且核反应堆本身也需要被拆除。

核燃料循环包含整个流程链,从开发到反应堆的使用再到处置。供应方面(前端)包含提取、转换、浓缩和燃料元素的生产。

从技术上看,一个反应堆的燃料需求是由其容量、负载系数和质量燃烧速率(燃料的能量使用)的数量和质量来决定的。核燃料在反应堆中被"消耗",因此每年一定比例的燃料元素(FE)会被新元素替代——通常是在核电站重新设计,处于断网状态时进行。

在卸除燃尽的燃料元素(SNF = 乏燃料)之后,核燃料循环(后端)的处理阶段开始。根据一般的理解,人们要在直接最终废物处理和再加工之间做出一个选择。如果进行最终的废物处理,乏燃料在核电站内部进行中间储存(5~7 年的湿储存)之后,将储存在外部;在经历过中间储存(25~40 年)以及特定的准备(条件)之后,它将最终被储存。如果进行再加工,乏燃料元素会通过机械拆除:

燃料将被分解为使用铀、钚和废物。钚将会和所谓的混合氧化物燃料元素（混合氧化物）中的（自然）铀一起，再次进入核燃料循环；而使用铀在经过转换、浓缩和燃料元素生产之后，作为一种特殊的燃料元素再次使用。

进行再加工时，天然铀的需求要低于最终废物处理；但是，从所谓的"保护资源"这一角度看，我们无法得出再加工的经济效果。经过整体评估，如果额外成本低于新鲜铀的成本，那么再加工是经济的。人们对铀能够被加工多少次存在着争议。追求高质量燃烧率的倾向会改变乏燃料的成分，从技术上看这导致再加工更加困难、更加昂贵。如果今天的最终废物处理是低廉的，那么经济逻辑将要求选择最终废物处理，在目前这意味着进行长期的中间储存。以后，从技术上讲这些废物仍然可能用于再加工。

进行再加工时，放射性废物的体积高于最终废物处理的体积，但它主要是中低放射性废物（LAW=低放射性废物，MAW=中放射性废物）。另外，最终废物处理中的乏燃料将作为高放射性废物（HAW）储存。当再加工能力有限时，这可以视为一个延迟的最终废物处理。因此，将再加工视为"封闭式核燃料循环"而将最终的废物处理视为"开放式核燃料循环"的分类具有误导性。

只有在使用核能时才会产生高放射性废物，而中低放射性废物在相当程度上可以来自其他渠道（如医药、研究、工业、农业和军事等）。

除了核燃料循环的废物之外，还需要处理其他一些废物，这些废物来自核电站的运营（生产性废物，如服装、手套等）以及关闭核电站之后的拆除工作。这些废物具有不同的放射性。放射性废物的大部分只会产生非常少的热量（中低放射性废物）。

它们最终存储在少数几个国家，如英国、法国、芬兰、瑞典、南非和德国的地表浅层。来自再加工或最终废物存储的核废物的最后储存尚未实现。将高放射性废物储存在较深的地质层是受全世界认同的方法。德国废物处理的理念是将这种废物储存在 Gorleben 的盐丘地，这种方法是否合适还有待考察，并且是否应该使用这个地方还存在争议。

在供应方面（前端）德国不是很前沿。它依赖国际市场来提供天然铀。自 1995 年以来，德国境内只有一个在 Gronau 进行的浓缩业务工厂和一个在 Lingen 的燃料元件工厂。其他的工厂（如在 Hanau 的核燃料生产）已经关闭，或者甚至都还没有开始运营。德意志民主共和国（苏联—德国 Wismut）以前的铀矿也已经被关闭了。

原本计划在 1979 年（Gorleben）和 1989 年（Wackersdorf）建设的商业性再加工工厂（在 Karlsruhe 一个从事研究的小型工厂已经建立起来）无疾而终。因为 1994 年之前，核能法（Atomgesetz）要求核电运营商必须对核燃料进行再加工，所以德国与法国的 Cogema（在 La Hague 的再加工工厂）和英国的 BNFL（Sellafield）等外国企业签订了合约。这些合约是长期的，并且包含了延长到 2000 年的条款。自 1994 年以来，核能法允许在再加工和终极废物处理之间进行选择。

我们可以通过对比燃料元件的燃料当量来讨论核燃料再加工是否经济这一问题。与最终废物处理相比，再加工材料会带来资金成本和能源成本，以及为额外努力所支付的工资，但它是新铀的替代品。铀越便宜，通过低成本的分离导致浓缩越低廉，从初级材料中得到的燃料元件也就越便宜。

来自二手铀或者甚至铀钚混合氧化物的燃料元件的利润会减少，因为燃料元件的生产成本越来越高；来自初级铀的燃料元件（由于存在不利的放射性和有毒材料的混合物）也面临同样的问题。

目前，德国废物处理瞄准三个最终的存储地点。位于 Sachsen-Anhalt 的 Morsleben（ERAM）最终储存站是从德意志民主共和国那里接管过来的。它只适合于特定类型的低热量废物，而且 2000 年之前它的运营一直受到限制。

旧矿山 Schacht Konrad（Niedersachsen）正处于申请许可证的过程中，以作为所有无热量形成的废物的最终存储地。作为有热量形成的废物或者是乏燃料元素的最终储存项目，Gorleben（Niedersachsen）的盐丘正在被核查。

在 Gorleben 和 Ahaus（Nordrhein–Westfalen）存在一个外部的、处理高放射性废物和乏燃料的中间储存站。另外，对于低放射性废物和中放射性废物，德国设立了一个中间储存站（如 Gorleben、Mitterteich），还有东德在 Greifswald 的中间储存站。那些并非来自核能的废物通常存储在每个联邦国家的收集地点。

现有的废物处理系统并不是基于一个封闭的概念，而是历史发展的结果。最初，Gorleben 的盐丘被规划为各类核废物的（唯一）最终储存站。Gorleben 盐丘最初计划在 1988 年开始启用，在此之前 Schacht Konrad 只是作为一个缓冲。面对偏低的废物数量，以及核能未来的不确定性，从成本角度出现了一个问题，即同时运营两个最终存储站点是否合适。

就废物处理的成本而言，存在着"污染者付费原则"。对于未来的费用（包括拆除）运营商正在筹备准备金。根据特殊的规定，目前的项目成本也是由运营商支付的。进一步来说，对废物负责的各方（如联邦政府、研究电站的联邦州）也导致问题更加复杂。对于核能源来说，废物处理是一个相当大的成本因素。据估计，拆除核反应堆的成本占到建设成本的 15%～20%。在核燃料循环的成本分布中，后端占到 60%，供应方占到 40%，因此，处理灰烬要比燃料本身更昂贵（Hensing，1998）。

2.6 荷兰、丹麦和瑞典生态税改革的形式和效果

在荷兰，能源会被征收普通的增值税以及另外四种针对能源的税收。普通的能源消费税和对石油储备融资的征税均不被视为生态税，因为它们主要带有融资特点。

但是，当汽油、柴油、轻重取暖油、天然气，煤炭和铀-235用作燃料，以及作为工业部门的特定投入要素时，就会被征收环境税。电力只被间接征税，即通过对特定的发电燃料征税来实现。除了对能源的组成成分征税外，二氧化碳含量也会被征税。

当能源被开采、生产或进口以作为燃料时，必须要支付税收。尽管电力进口受到追捧——因为只对初级能源征税，所以对国内发电来说只有间接的税收负担——但是却没有进口补偿税。

1992年以来将税收收入用于特定的生态支出并不属于核算范围，但是会纳入总预算。荷兰对行业竞争并没有特殊的规定，只是对大客户来说，超过一定数量之后可以享有更优惠的税率。

因为这种能源税在二氧化碳减排方面没有产生预期的效果，所以第二种税收即能源监管税在1996年推出。这种税是对天然气、石油产品（如轻取暖油）、液态天然气和电力进行征收。能源监管税是能源税和二氧化碳税的综合。结果，电力价格上升了大约15%。当公司将电力出售给最终消费者时，就需要支付税收。这一税收设定了下限和上限，一方面防止税收对低收入群体造成负担，导致负面影响；另一方面防止出现争夺能源和天然气的大客户的不利情况。

这里出现的问题是，在一定条件下，能源消费的上升会给企业带来优势。因为税收和国家收入中性的补偿前提是相关联的，可以

通过不同的措施来实现。大公司有时候获得的减税甚至高于其缴纳的赋税。

此外，某些行业（温室经营者）可以得到税收豁免，可再生能源领域也存在着特殊规定。在荷兰，税收涉及大约95%的企业和私人家庭。对于进口，可以采取类似的征税体系。电力是双重征税的，由于能源监管税再加上燃料环境税会带来间接税赋，燃料会在同一时间被征收四种生态税。

在就业方面，荷兰生态税改革的效果略显积极，但对于排放的效果，还不能做出最终判断。进一步的以生态为目标的税收（如废水、废物、废油等）会作为生态税的补充（Arndt，1998）。

在第一次石油价格危机的压力下，丹麦早在1977年就推出了针对电力以及柴油和取暖油的征税。这些税是基于不同能源的能源内容来征收的。对于取暖油，其税率远高于煤炭的税率，但对电力的税收是迄今为止最高的，要由消费者来进行分摊。国内可再生能源和天然气的能源生产则可以取得部分或完全的税收豁免。在消费方面，工业和农业可以免征税收。

与此同时，税率多次进行了上调。在1992年，丹麦进行了一次全面的税制改革，新的征收范围不仅包括能源税，还新增了针对二氧化碳的税收。

尽管所有其他领域都必须支付与能源燃料相关的能源税以及碳税，但是企业只需要支付碳税。企业还可以获得高达50%的碳税返还，这取决于其碳税占公司增值的比重。因此对工业部门来说，是享受广泛的能源税豁免的。由于企业可以获得部分或全部退税，企业和其他领域的税负差别非常大，有时能达到10~100倍。

1995年，丹麦对这一规定进行了修订。对于不同的能源，税率仍然是不同的。对电力来说，只对已发电力征税，而不是对电力生产所用燃料进行征税；这是初级能源税和二次能源税的结合。能源税是根据能源的内容来进行征税；碳税是根据二氧化碳含量以及根据硫磺含量征收额外的硫磺税（只针对煤和取暖油）。

对高耗能公司的标准我们进行了重新定义，现在采用如下标准：

（1）将公司的单个事业部作为计算单位，而不是整个公司。

（2）生产过程（进一步区分高耗能生产过程和低耗能生产过程）和房屋供暖需求分开。

（3）"高耗能"的定义标准为：能源税占企业增值的3%，并占到营业额的1%。

（4）进行能源审计后，税赋减免是可能的。

与1992年的税收相比，现在的税率已经提高了，如取暖油能源。高耗能生产企业在进行能源审计后可以获得免税。在房屋取暖方面，高税赋是非常明显的，以此来更好地鼓励节能。基本上税率一直在增加，但是对于高耗能生产过程来说，税率变动并不活跃。

丹麦也对电力进口征税，征税的方法是采用增值税。通过降低劳动力成本、投资激励措施和其他措施，这一税收旨在实现政府预算的中立。为了避免交叉补贴，税收补偿分为家庭部分和公司部分。税改的生态目标和经济目标似乎还没有达到；税改对就业的预期效果也不尽如人意。除了上文提到的税收外，丹麦还有其他的生态税收，如对产品、废物和运输以及对水保护方面的征税（Arndt，1998）。

在引入能源税、重视生态方面，瑞典是非常先进的国家。在推出生态税改革时，瑞典的其他税收已经降低（所得税）或废除（奢侈品税）。能源税收体现在以下三个领域：

（1）真正的能源税包含普通能源税、碳税、硫磺税和电力税。

（2）对水力发电站以及核电站征收的营业税。

（3）对氮氧排放物和国内航空运输征收的排放税。

瑞典对初级能源和二次能源都进行征税。能源中的二氧化碳成分和碳税取决于特定的能源——或者说二氧化碳含量；瑞典对汽油、液化气、取暖油、甲烷、天然气、煤和石油焦炭征税。根据硫磺和碳氢化合物的比例，汽油、柴油和取暖油可以进一步分为三类，第三类对环境最为有害。

利用这个税收体系，可以在瑞典实现预期的分配效应。公司投资于现代炼油厂；在 1993 年大约 20% 的柴油可能划为"类别 1"，57% 划为"类别 2"，而 1990 年类别 1 和类别 2 的份额总共只有 1%。上面提及的燃料以及泥炭会被征收硫磺税，因为其能源中含有二氧化碳。它是根据燃料中硫磺的重量百分比来计税的。

瑞典对能源的开采、生产和进口都要进行征税。对一定的能源存量以及某些生物质能生产过程是有税收减免的。对工业部门来说，几乎是完全免收能源税，其能源成分的税收减免的可能性为 100%，其二氧化碳部分免税的可能性则为 75%——其目的是维持瑞典在完全竞争市场上的竞争力。

就电力税而言，以每度电作为征税单位；发电所用燃料的税收是可以减免的，以避免双重征税。工业部门又是几乎完全免除电力税的。所有的税收也适用于进口，而出口则是免税的。无论是国内发电，还是国外发电，瑞典都要对电力征税，因此国内发电企业并不处于劣势地位。虽然要求税收实现预算中性的呼声较晚出现，但电力税征收为体制改革所需融资提供了保障。

瑞典根据发电站的站龄来对水力发电站征收营业税，而核能源方面则实施较高的、非常动态的税收。在瑞典，核能源将在 2010 年前逐步淘汰。在这方面，国家不对进口提供补偿，因此国内运营商处于劣势。

除了以上提到的两种税收外，瑞典还有排放税。自 1992 年以来，瑞典一直征收氮氧化物税，其金额取决于燃烧中测量到的排放物。对国内航空运输的征税取决于飞行的距离和飞机的类型，而不是消耗的燃料量。但是，尤其是针对氮氧化物排放，始料未及的替代办法出现了，一些公司采用了不被征税但对环境更为有害的燃料。除了这里提到的能源税外，还有其他几种生态税，如废水、农药、与排放相关的汽车税以及其他（Arndt，1998）。

第❸章　生态税改革：理论、修正后的双重红利与国际影响

3.1　基本理论

多年以来经济学家们一直在探讨生态税改革的可行性。事实上，有关生态税改革的文献非常之多（Bovenberg 等人，1994、1995；Scholz，1997；Klepper 等人，1998；Welfens，1999），这些文献认为提高能源税能够内部化生产和高耗能消费所带来的负外部效应，同时增加的税收可以用于刺激就业，降低劳动力成本。因为这一改革的目的在于内部化能源供应过程中的负外部效应，所以征收生态税时应根据二氧化碳的排放量来实施差别定价，如煤燃烧过程中二氧化碳的排放量比较高，而天然气的排放量比较低，水电则几乎为零排放。

但是理论和实践方面的争论尚未达成明确的结论。如一个有争议的问题是，在新的税制下改变议价行为是否会降低正向的就业效应？另一个关键问题是，在生态税改革的大背景下，能源价格上升

是否会导致产出下降？人们通常会假设工业领域的能源需求具有较低的价格弹性，因此在进行能源税改革时能源价格上升只会导致微弱的负面福利效应。此外，人们也不清楚究竟将哪一类生态税收用于削减工薪税。但不管怎样，在理论上比较有说服力的一种普遍观点认为，生态税改革是整个税收体制改革的一部分，其目的在于将负外部效应内部化（这需要投入大量的补助），同时减少一些高度扭曲的效应。我们在这一观点的基础上提出自己的新概念——以提高创新为目的的生态税改革。二氧化碳能源税能够实现负外部效应的内部化，研发的加强能够将正外部创新效应内部化，而削减高度扭曲的工薪税则可以消除要素市场的低效——我们所倡导的这一方法的整体效果将是提高配置的效率，赢得积极的收入和福利效应。从严格的理论视角来看，税收改革达到最优时，能源排放（和劳动力市场扭曲）所带来的负面社会边际效应应该等于创新所带来的正面社会边际收益。

　　如同氟化物一样，二氧化碳排放对于全球气候来说是至关重要的（Loske，1996）。在理论建模时，技术变革、价格下降、延缓全球加速变暖的需求都是重要的考虑因素（Amano，1998）。为了全球的可持续发展，我们有必要削减 OECD 国家的二氧化碳排放量，这是因为处于自然增长和赶超过程中的发展中国家必然会造成长期增加的气体排放。正如欧佩克（OPEC）价格剧烈波动过程所展示的，价格机制对提高能源效率是非常有效的——石油价格急剧上升引发了创新和替代效应，结果石油消费逐步下滑。这是 OECD 国家讨论绿色预算改革的一个关键背景信息（Gale 等人，1995；Van Den Bergh 和 Van Der Straaten，1994）。

3.2　关键问题

多个欧盟国家的经验表明，能源税/二氧化碳税的征收对环境起到积极的作用（Schlegelmilch，1999）。瑞典、芬兰、奥地利和丹麦都是推行能源税/二氧化碳税的国家；通常在制定生态税政策时，政府对工业征收的税赋都偏低，这是因为政府官员们担心这一税收改革会对竞争力产生负面影响。

在特定的情况下，税收收入中立的生态税改革能够赢得双重红利，但是理论和实践结果表明，这种双重红利的实现存在一定的不确定性。第一重红利来自环境质量的改善，能源税/碳税越高——针对因污染造成的负外部效应进行收费——排放量越少。从短期来看，环境改善的效应会比较有限。因为从绝对值来看，短期的价格弹性通常比较低。这意味着在短期内生态税的收入是比较稳定的。从长期来看，价格弹性比较高，企业会针对能源价格的上升进行产品和过程创新。这样，高耗能产品占总产出的比例就有可能下降，除非该产品群的高收入弹性形成强烈的抵消作用。

第二重红利来自扭曲税的减少，主要是指社保贡献率（更广泛地可以指工薪税）和非工资方面的劳动力成本的下降。众所周知，工薪税对劳动力供给和资源配置的效率会产生扭曲作用。而税收收入中立的生态税改革将生态税的收入用于降低劳动力税收（或者说是所得税），这就意味着它能在所得税税率下降的情况下创造出正的产出效应。尤其在高失业率的经济体中，生态税还会带来一个额外的作用，即劳动力成本的相对下降有助于提高就业率。随着劳动力税收降低，排放税收增加，我们可以预期到一个正面的福利效应的出现。但是，如同 Oates（1995）所强调的，也有可能存在一个典型的次优问题，即引入绿色税收可能加重现有的税收扭曲。这意味着一个负面的（收入和）消费效应——负面的福利效应。只有在我们假设环境税带来的收入能够完全支付政府的预算（Sandmo，1975），而且环境税的税率恰好等于污染造成的边际社会危害时，人们才无须担心上面提到的次优问题。

我们也可以稍微改变一下 Sandmo 的观点，提出一个新的主张，即任何存在微小扭曲的税收组合都有可能支持税收收入中立的生态税改革所带来的双重红利。依据这一观点，双重红利存在的可能性取决于最初的扭曲程度，而这与税收体系结构和税率高低相关联。如果只考虑能源税提高所带来的直接效应，可能会低估排放减少所带来的正面福利效果；因为排放减少可能会对卫生医疗体系产生间接作用，环境清洁程度提高后医疗成本随之降低；排放减少可能会带来房地产价值的上升，从而形成正面的财富效应。当然，财富是否直接进入到效用函数对福利分析非常重要，正如失业风险是否直接进入个人效用函数一样。但是，在政府其他开支固定的情况下，只要用于研发支持方面的开支低于某一水平（即创新的成本等于创新带来的边际社会收益），那么旨在提高收入的税收改革应该是能够达到帕累托最优的。

实证分析能够进一步阐释双重红利这一问题，但是很多研究仅集中于收入、价格和排放变化之间的关系。瑞典于 1991 年引入绿色税收，1995 年成立瑞典绿色税收委员会。依据该委员会的一般均衡模型，Brännlund（1999）对瑞典的双重红利问题进行了分析。最初他没有考虑到排放的效果，结果发现生态税改革会产生负面的福利效应。作为福利效应的一个指标（表明社会家庭愿意支付多少来进行或不进行税收改革），等价变换是负值，即如果政府不实施税收改革的话，一般家庭愿意支付一定数量的金钱。有趣的是，当采用一次性转账而不是降低工薪税时，等价变换的负值更大。这可以理解成双重红利假设的一个反面案例。人们应该注意到一般均衡模型很难适用于高失业的情形，因为该模型假设的市场均衡与我们手上需要解决的问题并不一致。

3.3 促进创新的税收改革

如同 Welfens（1999b）所倡导的，从理论上看，如果将一部分生态税收用于提高研发投入，那么就有可能获得税收改革的正向或中立的增长效应。研发投入越多，社会的知识资本积累相应增加，产出的增长越快；换句话说，能源价格上涨带来的负面产出效应会被缓解，甚至全部抵消。在下文的模拟研究中，我们不会着重讨论最优的税收分配问题，而是强调与没有新能源税时相比，更高的能源税不会降低社会的产出水平。

以创新为导向的生态税改革的建模可以归纳为以下基本要点（见图 3-1）：

第一，商品供应可以用一个供应函数来表示：实际产出 Y 取决于实际资本投入的存量 K（机器、设备、建筑物）、能源投入 E、研发资本的存量 R（反映了研发投入所积累的知识）、劳动力 L、自然资本存量 N。能源的消耗越多，二氧化碳的排放量越大。

第二，生态税改革。这一税制改革是针对能源消耗或二氧化碳排放进行征税，政府会将这一税收用于替代企业上缴的部分社保费用。这样，非工资部分的劳动力成本会下降，从而刺激劳动力需求上升（这又是一个正面的供给效应）。随着能源消耗的需求下降，社会的就业增加，总需求会相应扩大，但是，由于劳动力价格下降

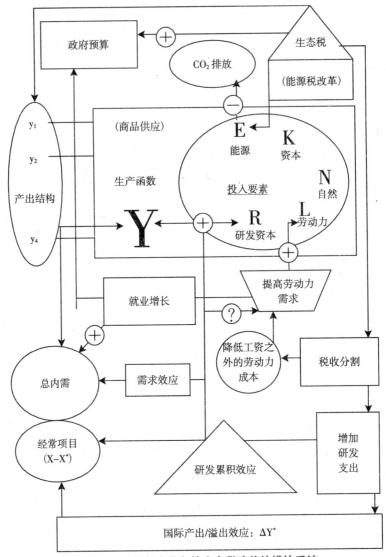

图 3-1 以创新为导向的生态税改革的模块系统

会导致劳动力替代实际资本投入，投资需求会有所下降，从而会导致总需求下降。这意味着一个新的商品市场均衡：产出下降与能源和资本投入的降低相一致。

第三，促进创新的政府开支。在以创新为导向的生态税改革中，政府的部分收入会用于资助更多的研发投入，这就有助于内部化研发的正外部效应。众所周知，创新的边际社会收益要高于单个创新者所获得的个人收益。我们假设，在初始阶段尚未达到最佳的研发效应。相对于 GDP 而言，研发投入的增加有可能会导致负面的就业效应，因为在总需求一定的情况下，研发资本的存量增加会促进劳动生产率（和资本效率）提高，这就会降低社会对劳动力的需求（在采用自下而上的方法形成总需求的投入产出模型中，这就是一个行业需求的向量）。就商品市场的供应而言，研发资本存量的上升会增加潜在的产出（Adams，1990）。而研发强度的提高会创造更多的产品种类，或者由于拥有股份公司股份的家庭会从熊彼特竞争中获得更多的利润，其社会财富也相应增加，这样研发资本存量的上升会刺激消费，导致社会的总需求增加。同时，研发资本存量的上升会刺激净出口，主要是高研发强度的行业的出口会上升。在自下而上的宏观模型中，通过投入产出分析，我们不仅可以分析以创新为导向的生态税改革所产生的社会总效应，还可以分析其对具体行业的重要作用以及行业的变迁。

第四，因为研发资本累积会带来正面的国际技术溢出效应，所以以创新为导向的生态税改革会对世界上的其他国家形成正面的增长效应。从文献来看（Bayoumi、Coe、Helpman，1999；Coe、Helpman，1995），知识可以通过技术型的中间产品、技术贸易、研发网络和资本产品在全世界进行扩散（Jungmittag、Meyer-Krahmer、Reger，1999）。德国是主要的高科技产品出口国，因此其实施的以创新为导向的生态税改革让人们充满期盼，希望会对欧盟成员国和OECD 成员国家带来显著的外部增长效应。在宏观模型中，国际增长的红利效应可以体现为世界其他地区的进口需求——这对实施以创新为导向的生态税改革的国家的出口行业是非常有利的。

3.4 修正后的双重红利

3.4.1 传统方法：降低劳动力成本

提升就业的传统方法是降低工资和劳动力成本，这样更多的工作就有利可图。但是，工资不仅仅是一个成本因素，它还决定了社会的总需求。因此，只有当劳动力供应严重过剩时，减薪才是可行的。当然，我们还需要认真考虑不同行业、地区和所需技能之间的差异性。而且，依据效率—工资假设，工人的工资越高，其付出的努力越大，那么劳动生产率的下降可能是工资降低的结果。这并不否认德国和其他欧盟国家需要更大的工资差异和更灵活的劳动力市场（Addison、Welfens，1998）。但是，政策必须精心设计，不能忽视近期对就业保护理论的分析（Groenewold，1999），还要考虑到政府的研发政策创造了要素效率（包括劳动生产率）提升的机会。实际工资与边际劳动生产率的均衡不能仅仅通过降低工资来实现，还要考虑到如何提升劳动生产率。

3.4.2 熊彼特方法：加大研发支持

如今，技术变革和创新对经济增长的正面效应已经得到广泛认可。尽管新产品和新流程对经济增长的促进作用早已为人所知，但还是经历多年之后才吸引到学者来研究技术变革这一问题。研究兴趣缺失的部分原因在于科学和技术自身的流程比较复杂，此外将创新转化成广泛的经济效应的机制很多是未知的。不管怎样，如果技术变革确实是经济增长的一大驱动力，那么任何宏观经济政策的分析都应该考虑到这些影响力。

因此，近期的增长理论研究开始关注技术变革或人力资本就不足为奇了。现代教科书中新增长理论的基本模型主要由 Romer（1986）、Lucas（1988）、Romer（1990）提出。其中，很大一部分新增长理论都假设专有技能从拥有研发的知识创造方转移到纯粹的接收方是有益的。研发所创造的一部分知识由接收方进行补偿，但也有一部分在扩散中没有得到合理补偿。因此，知识创造的外部效应（所谓的溢出效应）会导致经济体其他部门生产效益的提高，从而带动整体经济的增长。新古典理论和新增长理论的一个本质区别在于创造增长的效应。近期的研究认为，国家经济增长与其他地区的知识和人力资本积累是没有关联的。因此，如果一个经济体拥有自己的知识创造部门或人力资本创造部门，那么从长远来看，其增长的速度要高于其他没有这类部门的经济体。

当然，和其他经济模型一样，新增长理论并不过多关注细节问题，如创新中哪些元素会形成外部效应，知识创造与知识适应之间如何建立连接渠道（Jaffe、Trajtenberg 和 Henderson，1992）。此外，新增长理论从内部视角转向更外部化的全球视角是非常有意义的，因为关于知识不会外溢出国家地理边界的假设是非常不切合实际的，尤其对于发达国家而言，如欧盟经济体，这一假设甚至是错误的。鉴于世界生产中贸易比重日益增加，以及近期的生产要素交换的波动性，其他经济体对本国技术与经济的发展的影响程度不可忽略。例如，产品和服务的出口，全球公司内部人力资本的流动，以及欧洲委员会支持跨境研发的优惠政策等必然伴随着科技知识的传播。Jungmittag、Meyer-Krahmer 和 Reger（1999）深入地讨论了研发和技术市场全球化的趋势、动机和结果。这里，新贸易理论以及沿袭熊彼特传统的演化经济学都能够增加这方面的理论见解，它们和传统的理论会有一部分重叠，但是更强调技术和创新作为补充性决定因素的重要性（Jungmittag、Grupp 和 Hullmann，1998；Grupp 和 Jungmittag，1999）。

就新贸易理论而言，Grossman 和 Helpman（1991，第 9 章）经过详细分析后开发出来的模型尤具启发意义。该模型主要针对 OECD 国家在高科技贸易中最常见的问题，其研究的核心是这些国家的长期增长前景，这些国家正在逐步进行市场整合。从本质上看，该模型的构建基于以下原则：国家被赋予一定的劳动力、人力资本和技术知识。为了确保模型主要特征分析的简单化，Grossman 和 Helpman 对模型的复杂性进行了控制，假设只存在一个行业。该模型强调一个国家的整体性，而不是国家内部的结构性变化。如果将技术知识用于生产产品进行贸易，那么技术知识能够创造外部效应和递增收益。从长远来看，如果增加一些假设，尤其是技术方面的假设，那么经济的增长速度将取决于创新的速度，即新技术知识积累的速度。

就传统的资源禀赋而言，如果将两个相似（甚至相同）的经济体整合起来，其结果有可能是贸易模式和增长速度不会发生变化，也有可能是两者的专业化程度提高，增长速度加快。这一模型的动态性完全取决于整合前知识库的特征。由于两者拥有相似的传统要素禀赋，因此全球化之前唯一的区别就是知识专业化的程度不同。如果两个经济体各自专注于互补的两个知识领域，那么整合不会产生任何效果，无论是在技术、生产和贸易的模式方面，还是长期的增长速度。相反，如果两个经济体的知识库存在一定的重叠（如两者在相同的科技领域进行各自的知识积累），那么整合会消除一些低效活动。通过市场整合，每个国家都专门从事一部分知识的研究，而这种知识可以同时为两个国家使用。在这种情况下，两个国家的增长速度都将高于封闭经济体的其他国家。

除了新增长和新贸易理论之外，传承于熊彼特的演化经济学考虑的是技术、贸易和增长之间的关系。虽然演化经济学缺乏一套系统的、正规的建模工具，但是它就经济系统的运行提供了很多有趣的见解。演化思维根源于变异——筛选原理，它更关注系统和经济发展的动态特征。本质上看，演化是通过创造多种多样的新产品和新流程来实现的，之后一定的筛选过程（如市场机制）会将它们的种类降低到一定数目。我们在这里不会详细探讨演化理论逻辑的多样性（感兴趣的可以阅读 Dosi、Pavitt 和 Soete，1990；Witt，1993；Hodgson，1993）。新产品或新流程形成（从而增加了产品种类）的主要动力之一就是创新和技术变革。

就变异机制而言，实证研究发现，创新率越高，经济增长越快（如 Fagerberg，1988）。不同产品的数量越多，新产品创造的速度越快，那么长期的经济增长率越高。Saviotti 设计了一个半正式的理论工具，来说明我们会观察到新产品数量的持续增加；产品种类越多，消费者效用越大。这是经济增长的一个主要原因（Saviotti，1991）。这是通过更好地适应特定的消费需求（提高消费者效用）和提高生产流程的效率来实现的。就环境的筛选机制而言，大多数研究发现，筛选机制越严格，经济增长越快。从理论的角度来看，严格的筛选机制并不一定提高效率，因为新产品需要耗费开发成本，而且很多新产品被淘汰了。可是，这种资源的浪费可以通过量少质优的新产品所赋予的长期高效率得以补偿（参考 Cohendet、Llerena 和 Sorge，1992）。从理想的角度来看，作为可行的筛选机制之一，市场竞争可以剔除掉所有的低效产品，从而确保适者生存。这样，面对筛选机制，新产品在创新时必须拥有那些成功变异的产品特征。因此，经济组织必须迅速地从市场上成功和不成功的产品的命运中进行学习，开发出更好的新产品，实现更高价格或更大规模的销售。这样来看，公司的特定优势应该来自其学习与适应能力。但是，从本质上看，学习和适应能力都是一个路径依赖的过程。换句话说，公司最有可能学习到有用知识的领域是其前期已经积累了一定知识的领域。这种技术变革和学习的路径依赖性体现在单个公司、行业、地区和国家等各个层面。它不仅能够解释创新的很多问题，也能够说明劳动力分工和经济发展的动态性。Dosi（1982）依据这一基本原理提出了一个技术机会的"理论"。他认为，科技变革会遵循一定的轨迹，直到某一"转折点"（突破性变革）打破这一平缓的轨迹。

积累的知识存量不仅包括科学发现，或者说是可以解码、易于理解的研究结果，还包括获取的"沉默"实际技能。因此，知识兼具"公众性"和"私有性"的部分。除了部分真正全球化的、极具科学基础的技术外，世界上的知识主要是区域化的，即由于人力资本或技术熟练工人的流动性存在障碍，知识的地理扩散范围是有限的。相应地，实证研究得到的大量证据表明，不同行业、地区和国家的学习能力和创新能力是千差万别的。相关文献可以参考 Pavitt（1984），Pavitt 等（1987），Dosi、Pavitt 和 Soete（1990），Gehrke 和 Grupp（1994）。因此，长期以来，不同经济体的技术知识库的规模和特点存在很大差别。而这些因素可以说明经济体之间创新和增长率的差异性。

3.4.3　研发、产出、出口与就业之间的实证联系：以德国、法国与瑞典为例

（1）研发与产出。

针对技术变革对经济增长的影响的实证研究，或者更广泛地讲，创新对经济增长的影响的实证研究形成的文献非常丰富、非常多样

化。大体上讲，这些研究可以归为以下三类：基于历史的案例分析；基于发明数量和专利统计的分析；以及针对产出或生产率与研发或类似变量之间关系的计量分析（Griliches，1995）。这里，我们仅局限于计量分析，这种分析使用一些指示变量来近似测量技术变革和创新的影响。

首先，研发作为技术变革与创新的一个重要投入要素可以作为创新的一个近似变量。这一领域的大多数研究都采用加强的柯布—道格拉斯生产函数，这一函数除了包含一般的生产要素外，还包括了一定的研发存量，其系数可以视为研发的生产弹性或者产出弹性。或者，可以将这一生产函数转变成增长速率，其中包括研发强度。这时候，与研发强度相关的参数就是知识的回报率。还有一种类似的方法就是先计算全要素生产率；然后将全要素生产率的对数与研发存量对数进行关联；或者是将全要素生产率对数的一阶差分对研发强度进行回归。这时候，回归系数的解释和以前是一样的，即用全要素生产率对数对研发存量对数进行回归得出的系数是产出对知识的弹性，而全要素生产率增长的回归得出的是知识所带来的社会总的（超额）回报率（Griliches 和 Lichtenberg，1984；Griliches，1995）。

在研究研发对产出的影响时经常碰到的一个测量问题是，创新过程中会出现诸多的外部性。Cameron（1998）总结了这方面的相关文献，识别出四种类型的外部性。一是存在所谓的"巨人肩膀效应"，由于知识外溢、专利申请的不完善性以及熟练劳动力在公司间的流动，会导致竞争对手的成本降低。从更宽泛的意义上来看，对外贸易带来的国际间技术溢出也可以视为这种"巨人肩膀效应"。二是存在盈余占有问题，因为即使没有技术溢出效应，创新者也无法从自己的创新中获取所有的社会收益，除非他可以充分实现对竞争对手和/或下游用户的价格歧视。三是新创意导致原有的生产流程和产品过时，这是所谓的创造性破坏效应。四是当创新带来的是替代品或互补品时，会发生所谓的拥堵效应或网络外部性。有时候这被称为"踩脚趾效应"。在实证分析中，如果能够充分考虑到这些效应，将会为未来的研究提供一个广阔的天地。到目前为止，大多数实证研究只是部分地、粗略地考虑到这些效应。

如果用美国、法国和日本公司的时间序列数据来研究产出水平与研发存量之间的关系，一般会发现产出的弹性在 0.06~0.1 (Griliches，1995)。而使用德国和法国各个层面的集合数据来进行类似研究时，预测出来的产出弹性会稍微高些。就西德的总体经济而言，Patel 和 Soete（1988）估计的研发对产出的弹性为 0.21。但是，Bönte（1998）对西德制造业的研究结果表明，研发存量对产出的弹性在 0.03~0.04。在企业层面，Cuneo 和 Mairesse（1984）发现法国企业的研发存量对产出的弹性在 0.22~0.33，Mairesse 和 Cuneo（1985）得出的弹性值在 0.09~0.26，而 Mairesse 和 Hall（1996）得出的区间为 0.00~0.17。在国家整体经济层面，Patel 和 Soete（1988）发现法国的研发对产出的弹性为 0.13。Coe 和 Moghadam（1993）根据自己偏好的方法得出法国的研发存量弹性为 0.17。

如果以经济增长率作为因变量，研发强度作为自变量，那么汇总各个国家、各个层面的实证研究结果会发现，预测出来的回报率一般在 0.2~0.5，而且近期的研究估计值多数分布在这一区间的低值部分（Griliches，1995）。但是，西德的研究结果有些令人费解。在企业层面，Bardy（1974）发现研发的直接回报率在 0.92~0.97。在行业层面，Möhnen、Nadiri 和 Prucha（1986）发现研发的直接回报率为 0.13，而 O'Mahony 和 Wagner（1996）得出的预测值为 0.00。Bönte（1998）采用了不同的方法，计算出来部分西德制造业的净回报率为 0.23~0.3。这一数值和已有结论是一致的，和法国企业层面得出的估计值也是一致的，如 Griliches 和 Mairesse（1983）得出的法国企业层面的研发回报率为 0.31，Hall 和 Mairesse（1995）得出的数值在 0.22~0.34。

但是，这里提及的大部分研究都将研发作为一种形式的投资，没有考虑到上文提及的外部性效应。因此，我们不清楚上述研究是否会低估或高估研发的效用。Jones 和 Williams（1997）设计了一个内生增长模型，将上述外部性考虑进去，并设计了一系列可行的参数值来对模型进行调整。结果他们发现，在大多数情况下，研发的超额回报（用社会回报减去私人回报）为正值，但是低于 20%。如果考虑到创新过程中存在的风险性和不确定性，以及资本市场与研发队伍之间的信息不对称，我们看到研发投资相对较少、而研发带来的社会回报较高这一现象就不足为奇了。Jones 和 Williams（1997）总结认为，在美国，研发的最佳投资量应该是实际投资量的四倍。但是，其他研究却没有发现如此显著的实证结论。Bartelsman 等人将 Jones 和 Williams 的模型应用到荷兰的制造企业，发现研发的私人回报率只是比社会回报率低估了几个百分点而已。Mairesse 和 Hall（1996）利用法国和美国的制造企业面板数据分析了研发对生产率的影响，结果发现在美国的 20 世纪 80 年代，研发只能带来平均的私人回报率。Bönte（1998）基于德国部分制造业进行了分析，结果发现无法证实研发因行业内部溢出效应而创造出超额回报率。

外部性效应的另一重要来源是国际研发溢出，即外国的研发对国内生产率和产出的影响。Coe 和 Helpman（1995）对全要素生产率等式进行了扩充，加上了取进口权重的外国研发存量以衡量这一影响。他们对西德进行了分析，发现外国研发对全要素生产率的弹性为 0.056（1971）、0.072（1980）和 0.077（1990）。法国的弹性要略低：0.045（1971）、0.061（1980）和 0.067（1990），而瑞典的弹性则较高：0.067（1971）、0.087（1980）和 0.093（1990）。Bayoumi、Coe 和 Helpman（1999）将该方法应用到由更多国家组成的一个大样本中，结果发现对不同群体的国家来说，国内研发和取进口权重的外国研发的弹性系数差异很大。对比 G7 国家和其他工业化的小国家，取进口权重的外国研发的弹性系数是相同的，但是对于其他工业化的小国家而言，国内研发的弹性系数要小很多。而对于发展中国家而言，他们假设研发资本是不变的，这时候取进口权重的外国研发的弹性系数要明显高出很多。

到目前为止，我们并没有区分研发资金的来源。研发可以由企业自己筹措资金，也可以由政府提供，就政府资助的研发对产出和生产率的影响而言目前争论激烈。Griliches（1995）在回顾相关文献后得出的结论是，大多数弹性系数的估计值对研发是使用所有社会资金还是公司自有资金并不敏感，但是数据也有迹象表明，政府资助的研发创造的效益要低于公司自筹经费的研发。具体地讲，他的预测模型显示，代表公司自筹经费的研发与政府资助的研发的变量的系数是显著的正值，这表明政府资助的研发的效益相对较低，虽然其绝对值还是很大。Griliches 和 Lichtenberg（1984）发现，虽然学术研究和某些类型的政府研发与私营部门之间会存在知识溢出现象，但是其程度要低于企业相互之间的知识溢出。Acs、Audretsch 和 Feldman（1994）推断小公司（尤其是高科技创业企业）会从这种知识溢出中获益更多。此外，Adams（1990）发现学术科研基地的产出会对生产率的增长做出重要贡献，但是时间滞后达到近 20 年。

与私营企业还是政府部门来资助研发这一争论相关的就是其他关于基础研究的实证研究。Griliches（1995）提供的估计结果显示，基础研究的回归系数是非常显著的，而且影响力很大。他认为那些将很大一部分研发集中在基础研究的企业会拥有更高的生产率，更高的投入产出比（包括研发资本的投入），而且这种效应在相当长的时间内会维持不变。在汇总其他估算结果和进一步计算的基础上，他推断就对生产率提高的作用而言，基础研究所产生的效益是其他类型研发的三倍。

其次，创新过程中的一种产出也可以视为技术变革和创新的近似变量：专利申请量和专利存量。这一方法具有多种优势。一方面，这一指示变量避免了很多与数据相关的技术问题，如不像研发投入的存量指标那样，无须人为假设一个折旧率。另一方面，这一指标也包括除了显性的研发活动之外的其他知识来源的结果。Budd 和 Hobbis（1989）发现，对英国制造业而言，专利存量对长期的产出弹性系数在 0.21~0.23。在另外一篇文章中，他们采用了略微不同的方法，发现在法国、德国和英国，专利申请对长期的产出弹性系数为 0.114，而在日本，这一系数为 0.135（Budd 和 Hobbis，1989a）。Jungmittag 和 Welfens（1996）对 1960~1990 年的西德工商业进行了分析，发现专利存量对产出的弹性系数为 0.23。在此基础上，Jungmittag、Blind 和 Grupp（1999）将时间段延长到 1960~1996 年，方法上也略微进行了调整，结果发现弹性系数在 0.16~0.19。总而言之，这些结果表明，在大多数情况下，研发存量和专利存量对产出的弹性系数估值是非常近似的，它们对经济增长的贡献非常显著。

（2）研发与出口。

众所周知，目前已有大量的实证研究表明研发强度与贸易绩效之间存在着紧密的关系（Engelbrecht，1998；Wakelin，1998；Grupp 和 Jungmittag，1999）。但是，由于多数情况下贸易统计是在产品大类层面收集的，而研发数据是在行业层面收集的，因此这类研究中存在着严重的一致性问题和汇总方面的问题。直到如今，这些问题也只是得到初步解决。幸运的是，随着国际专利分类（IPC）和 SITC Ⅲ 达成一致，我们有可能有效地避免上述这些问题。Fraunhofer 系统与创新研究中心详细阐述了两者之间的一致性关系，SITC Ⅲ 包括了 42 个高研发投入的（研发强度为 3.5% 以上）、基于三位数代码的产品大类（这一高科技名单被德国联邦教育、科学和研究部用来汇总技术绩效年报，事实证明非常有用）。基于这 42 个高研发投入的产品大类，表 3-1 显示了九个专利申请大国在 1995 年对外贸易中的比较优势（RCA）与 1993~1995 年相对的专利份额之间的相关性系数。对于大国来说，比较优势与专利份额之间的相关性在一般水平上是显著的。在美国、日本、德国、英国、法国、瑞典和意大利等国家中，英国为 1.8%，而德国和瑞典小于 0.1%。

表 3-1　九国的对外贸易比较优势与专利份额之间的相关性

国　家	相关系数	T 值	显著性 [1]
美　国	0.481	2.545	*
日　本	0.548	2.918	**
德　国	0.706	5.237	***
英　国	0.415	2.478	*
法　国	0.366	3.537	**
加拿大	0.147	0.877	
瑞　典	0.547	4.424	***
意大利	0.641	3.675	**
荷　兰	0.279	0.207	

1）显著性水平：*<5%，**<1%，***<0.1%（这里使用 White 的回归系数的方差矩阵的异方差估计值来计算 T 统计值）。

（3）研发与就业。

技术变革或创新与就业之间的关系可谓众说纷纭。学者们大体上可以分为两大阵营。第一阵营主张技术变革存在替代效应。这种观点认为，技术变革提升了合理化的潜力，这样生产率的提高要快过生产本身，结果更多的工人被技术替代，而不是被新技术创造的就业机会所吸收。另一阵营强调所谓的补偿效应。Meyer-Krahmer（1992）总结了四大补偿效应：

第一，技术变革带来新的产品市场和新的就业机会，这就会扩大终端需求，从而促进就业，当然这一效应主要是互补型而不是替代型产品创新的结果。

第二，更为高效的生产方法可以降低成本和价格（这意味着实际收入水平增加），提高利润，这会进一步刺激有效的社会总需求，从而补偿甚至超额补偿最初因工作减少而出现的需求下降。

第三，节省劳动力的机器首先必须先被生产出来，这样因优化导致劳动力被替代的同时，可以为这类机器的制造商和供应商提供就业机会。

第四，由于技术变革，企业在全球范围内的竞争能力增强，这对国内就业也有正面效应。

技术变革与就业之间究竟是替代效应还是补偿效应只有通过实证研究来判断。因此，我们必须考虑到各种直接的和间接的影响，因为节省劳动力和创造劳动就业在时间和空间上并不一定同时发生，或者不在同一行业内发生。所以，我们必须来研究收入水平、具体经济部门的特征、不同经济部门之间的关系以及随着时间的推移，新技术是如何出现和传播的（Meyer-Krahmer，1992）。

Meyer-Krahmer（1992）在对西德的实证研究中发现，在某一行业的研发支出首先会对劳动力需求形成刺激效应，唯一的例外是机械工程行业。因此，增加研发支出的首要效应是在其对应的行业内扩大就业。而替代效应之所以出现是由于采购了包含更多研发内容的资产。替代效应在汽车、纺织、电气工程、电子、能源、通信和交通等行业的影响力更显著。相反，在服务业和商贸领域，这种替代效应则不太重要。因此，Meyer-Krahmer（1992）推断，技术变革会导致就业结构从制造业转向服务业。

上述结论与 OECD 国家制造业的就业发展情况基本相符。图 3-2 展示了德国、法国和瑞典在所有制造业高研发投入行业以及低研发投入行业中长期以来的就业发展情况。该数据来自 OECD STAN 数据库，我们只能粗略地对高研发投入行业进行评价。我们假设具有较高研发投入的行业是化工业、非电气类的机器制造业、电气设备制造业和交通设备制造业。就这三个国家而言，我们发现其就业发

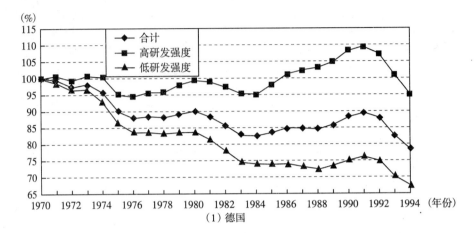

（1）德国

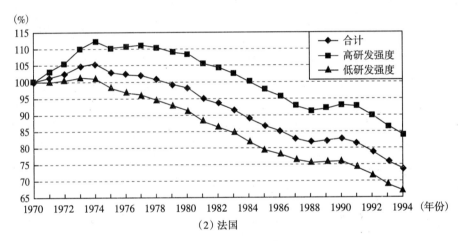

（2）法国

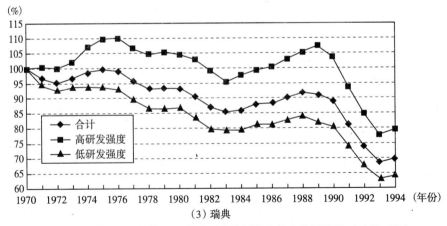

（3）瑞典

图 3-2　1970~1994 年德国、法国、瑞典制造业就业发展情况（1970=100）

展模式非常类似，但又不完全一致。总的来看，高研发投入的行业的就业下降程度要低于低研发投入的行业。在德国的高研发投入行业，就业只有在第一次和第二次石油价格危机之后才略微下滑，但也是非常短暂的。从 20 世纪 80 年代中期到 1991 年这段时间，德国高研发投入行业的就业增长非常强劲。之后，就业下滑，低于 1970 年初始水平 5 个百分点。而低研发投入行业的就业在第一次和第二次石油价格危机之后迅速下滑，而且一直保持下降趋势；1989~1991 年就业略微上升，但持续时间很短暂，从 1992~1994 年我们看到就业继续下滑到 1970 年初始水平的 2/3。对法国而言，1970~1974 年高研发投入行业的就业增长非常强劲，而低研发投入行业的就业增长则比较平缓。之后，法国的就业几乎一直在下滑，但是高研发投入行业的就业是 1970 年初始水平的 84%，而低研发投入行业的就业则跌至 67%。

在瑞典，从 1970 年到 1991 年，其高研发投入行业的就业一直在初始水平 95%~110% 波动，之后就剧烈下滑，跌至 79%。而在低研发投入行业，就业在 20 世纪后期出现了小幅增长，之后就降至初始水平的 64%。

3.5 英格兰和威尔士的电力供应行业的改革
——对其他欧洲国家的启示

1989~1990 年英格兰和威尔士的电力供应行业进行了重组和私有化，但是这里所谈的改革是一个过程，而不是一次性事件。只有在 BNFL（英国核燃料有限公司）被出售之后，私有化才会完全实现，而这预计要到 1999~2000 年才能完成。而英国其他地区（即苏格兰和北爱尔兰）的电力供应行业则采取了不同的重组方式，按照不同的原则进行运作。BNFL 仍然是一家上市公司，包括核燃料回收设施和 Magnox 电力公司——Magnox 是一家使用 Magnox 反应堆的核电站，是 1996 年英国能源公司私有化的遗留产物。电力供应行业面临各种行政干预和市场力量的影响，这或多或少地改变了其行业结构。而这又是促成 1999 年行政管制结构发生变化的重要影响因素之一：电力管理办公室（OFFER）与天然气供应办公室合并，Callum Macarthy 作为新一任能源监管负责人，于 1998 年秋季上任，其最初的责任是分开管理电力和天然气行业，而目前则由天然气与电力市场办公室（OFGEM）协助他进行管理。如果再考虑到电力行业设想好的改革方案，我们很快就可以清晰地看到 1989~1999 年的改革是一个动态的演进过程，在这个过程中，各种群体包括政府、监管负责人、反托拉斯部门、企业（包括行业内和行业外的、英国本土的和国外的），甚至还包括消费者，都在利用自己的特权和自由权力来发挥作用；而从全局来看，电力行业的改革已经不受任何单个群体所控制。针对这一改革过程进行全面彻底的分析是远远超出本书的范畴的，因此我们只会关注部分焦点问题：包括初始的重组；对竞争、私有化以及化石燃料（核电站和可再生能源）征税的管制等。本书会依据英国电力供应行业方方面面的相关数据，对此次改革给予简短的评价。

3.5.1 鼓励竞争的重组

在第一次世界大战期间，英国电力供应行业共有几百家小型发电和输电公司。1926 年英国依据电力（供应）法案成立了中央电力委员会，其任务在于构建和运作一个合为一体的国家发电站体系。这标志着电力生产和监管集权化的开始，但是事实上并不成功。在国有化的过程中，仍然存在 369 家市一级电力公司和 200 家私营电力公司。那些私营企业主要从事输电业务；于 1919 年成立的电力委员会对这些企业进行严格管制，以促进、管理、监督国家层面的电力供应。

国有化的一个重要动机是为了解决多层行政立法导致的混乱问题和政府政策的不一致性（Foster，1992，第 73 页）。在将整个行业转成国有化的过程中，艾德礼政府彻底改变了英国电力供应行业的结构。依据 1947 年的电力法案，英国设立了中央电力局（CEA），它是一个负责全国发电和供电的公共公司，此外还设立了 14 个地方电力局，每一个都是负责其所属地区电力输送的公共公司。之后，英国又在英格兰和威尔士地区设立了中央发电委员会（CEGB），从而赋予地方委员会更多的自主权。这时候，中央电力局改为电力委员会，被赋予咨询和审议职能，而不再具有指导、控制和监督方面的权力。

国有化过程中唯一的一次重大立法变革是 1983 年出台《能源法》，旨在降低电力行业的进入壁垒，从而引入竞争，但是最终还是彻底失败了。这次失败得出的教训不是说电力供应行业自由化行不通，哪怕最初所有资产都是国有的，自由化也是可行的；而是说在引入竞争的同时，需要明确针对竞争的相应的规定，也就是说必须保护新进入者，防止行业内现有企业抵制竞争的行为。更具体地讲，如果不能保证电力上网连接的公平性，仅有行业准入自由是不够的。对于行业内现有企业（不论其是否拥有和/或控制电网）和新进入者而言，其使用输电设施的价格即使不完全一样，也应该基本接近，政府应该颁布相应的法规，并确保其贯彻落实。

20 世纪 80 年代英国天然气和通信业私有化的成功，以及政府面对矿主罢工取得的胜利，推动了电力供应行业的私有化进程。但是在出售电力企业股票之前，政府需要先对其进行重组，原因有二：一是降低不确定性，防止严重扰乱未来的行业运营；二是防止打击新股东的信任感，防止他们的利益被侵占。

两大因素会在很大程度上影响到重组最后的结果。一是核电站和火力发电站私有化过程中一些不恰当的努力；二是在下一次大选之前政府面临完成电力供应行业私有化的政治压力，这都会影响到电力行业的重组：竞争被放弃了两次，一次是成为核电的牺牲品（导致双寡头垄断），另一次是为了促进电力销售的需要（Robertson 等，1991，第 97 页）。但是，这并不否认，以国际标准来看，英国电力供应行业的私有化确实是该行业的一次革命。

英国政府并没有如同一些研究者（Sykes 和 Robinson，1987；Henney，1987；Robinson，1988；Pollitt，1992）建议的那样，将中央发电委员会（CEGB）下属的发电站划分为 5~10 个集团，截至 1996 年，除了核电之外，大多数发电资产还是在政府手中。行业内只新成立了两家发电公司：国家电力（National Power）和 Power Gen，在私有化之前它们的市场份额分别为 70% 和 30%。当然，英国还从苏格兰地区接受电力配送（苏格兰电力、苏格兰水电、苏格兰核电、法国 EdF）。自此之后，国家电力和 Power Gen 在英国南部的市场份额就开始迅速下滑。但是，如同我们即将看到的，对不同形式的共谋行为的担忧仍然存在，这将推动电力供应行业继续深化改革。

在逐步摒弃中央发电委员会（CEGB）的过程中，英国又成立了一家新公司，名为国家电网公司（NGC），这也是一家私有化的企业，但不是公开上市。最初，它是由政府和一家私有化的地区电力公司共同拥有，在市场上独立运行，之后在伦敦股票市场上流通。这样，英国的发电和输电实现纵向分离。因此，国家电网公司是英国电力供应行业重组的一个关键棋子。

首先，该公司负责发电公司与配电公司及部分消费者之间的高压电力输送，它的电网对所有的第三方开放。

其次，该公司负责电力的现货交易（所谓的电力池），扮演一个拍卖商和供电调度员的角色，有权监管发电站的运行。调度的优先次序是依据发电公司的报价来决定的，但是买卖双方不仅可以通过短期的现货市场来进行交易，也可以签订较为长期的金融合同（所谓的差价合约）。

电力供应行业链条的下一个环节是配电，即将电力从高压电网传送到最终消费者的过程。为了避免电网重复建设造成的资源浪费，12 家地区电力公司直接继承了过去的 12 个地方电力局，在其各自所属地区享有垄断权。同时，它们要对各自系统的可靠性负责。这里需要说明的是，采用共同的电网设施来配电不能同供电混淆，供电是由最终消费者和供电商来签订合约，而供电商出售的电力可以是发电厂的，也可以是地区配电公司的，也可以是自己发的电。

在 1998/1999 年之前，对于那些最大需求量低于 1 兆瓦，或者是 1994 年 4 月 1 日之后低于 100 千瓦的用户来说，地区电力公司一般就是他们的供电商。但是在这些公司内部账户里面，配电和供电是完全分开计算的。任何地区电力公司的供电业务部必须从自己的配电业务部购买电力输送服务，其购买条款与其他供电商的基本类似，而供电商的数量也是在不断增加的。换句话说，除了发电之外，供电这一块开始逐步走向竞争。这和天然气市场的自由化非常相似，该市场在 1998/1999 年之后所有的终端客户都可以自行选择自己的供应商。

3.5.2　竞争方面的规定

英国电力管理办（Offer）的成立理所当然地被视为电力供应行业重组的一部分，而电力供应办公室总主任（DGES）的举动也可视为电力供应链中的一个环节（1999 年该角色被天然气与电力市场办公室 OFGEM 及其负责人取代）。但是，行业重组只是一次性行为，如同某些人所期望的，而行业监管则是一个过程，不会马上消失。当然，政府监管会更关注行业内自然形成的垄断，会更多地使用反托拉斯立法。

在英国电力供应行业私有化的过程中成立的监管机构是非部级的政府部门，该部门由相关大臣任命的总主任负责——大多数情况下，该大臣是贸易委员会的主席，即工业与贸易部大臣。在能源部被废除后，该大臣掌握了公共设施的大部分权力，但只负责了不到五年的时间。他的卸任也许只是因为"能力不够或者行为不端"。该大臣在财政部提供的预算范围内安排下属工作，但是这一预算却超出了他所能控制的范围。

各个私有化法案中都列明了电力监管部门的职责，更具体地讲，是工业与贸易部大臣赋予的向各个公共事业颁发行政许可的权力。所有监管部门的首要职责是确保一定形式的大众服务，确保被监管的公共事业拥有足够的财力来完成应履行的义务。这就意味着监管部门不能够通过自身的行动来削弱被监管公司的财务状况，也不能保护这些企业避免商业风险甚至是破产的威胁。为了实现上述目标，监管部门还承担第二项责任，就是采取各种措施来强化竞争，尽管使用的措辞差异很大，但是这些措施基本上包括控制价格、质量和服务水平，提高效率和经济性，以及卫生、安全和研发等方面相关的责任。

英国经济管制的基础是价格上限管制"RPI-X"，即针对售价或特定类型活动的收入设立上限。这一管制由监管部门来实施，可以在征得行业同意的情况下进行修改，或者在无法达成一致意见时由 MMC 来决定（现在是由竞争委员会负责）。MMC 如同一个"上诉法院"，可以修改许可协议，重新制定价格上限。MMC 参考的标准是整体的公众利益，而不是狭隘地就某一争端做出决定。被监管的公共事业的经理们通常都会尽量避免向 MMC 申诉，原因之一在于 MMC 报告公开发布之后，监管部门可以修改许可协议以弥补对大众利益造成的损害，但是原则上讲监管部门无须接受 MMC 提出的建议。这就是为什么这种潜在的监管——或者说引发监管介入和提请 MMC 仲裁的这种潜在威胁——自身具有强大的约束作用，能够在英国监管体系中发挥着重要作用。

司法审查，或者说司法审查的可能性，是英国管制活动中的另一大重要元素。司法审查原则上要求监管部门的决策不存在违法行为、程序不完善这些非理性因素，但这是很难确定的，因为在英国，决策者没有义务来说明最终决策的依据，而且他们通常会避免给出解释。

从管制的结构来看，英国电力供应行业的管制与其他公用事业的管制是有区别的。

首先，和其他公用事业的主任们相比，电力供应办公室总主任在获取被许可方信息方面权力更大、更为明确。尤其令人瞩目的是，他的主要职责在于促进有效竞争。

其次，根据 1989 年的电力方案，工业与贸易部大臣和电力供应办公室总主任都要负责新技术的研究、开发和使用，以节约能源、保护环境。

最后，工业与贸易部大臣不仅仍有权力管理一部分电力供应行业——仍属于公共部门的核电部分（Magnox Electric），还可以否决电力供应办公室总主任与电力公司已经达成的许可修改协议。事实上，自 1997 年 5 月工党执政以来，如何确保政治家和行业管制者之间的关系更加透明一直是个热点争论问题。

那么如何针对电力供应链的不同环节进行管制呢？英格兰和威尔士的电力供应行业采取的原则是：政府应该先对行业中自然形成

的垄断环节（送电和配电）进行管制；然后针对服务于小型用户的供电进行管制；最后对大型用户来说，则依靠发电和供电的竞争机制。结果，电力供应行业管制最松的是发电环节，任何人都可以在电力规划允许的情况下进入电力领域，根据自己选择的投入要素来进行核电之外的发电。这样一家新的发电厂有权与国家电网联网，唯一的限制是说新的大型发电厂必须加入电力池。

电力供应市场最初分为两部分：特许供应和合同供应。1994 年两者的分界线从 1 兆瓦降低到 100 千瓦，而到 1998/1999 年时则完全取消了：根据天然气市场全面自由化的经验，政府决定电力供应自由化的最后环节在不同地区可以有不同的时间表。和发电一样，合同供电有可能竞争非常激烈，即使降低电价，供电商所获得的潜在收益肯定还是要高于发电商，因为供电只占到该行业总成本的4%。

这样电力供应行业只剩下两个环节是我们需要严格管制的：送电和配电。在这两个环节，英国的管制都是采取价格上限的形式，即著名的"RPI-X"公式。所有的管制形式，尤其是各自的 X 项，都要接受定期的审查。

除了著名的"RPI-X"公式之外，还有一点也是英国管制风格独树一帜的地方，那就是对竞争的管制，这和普通的竞争与消费者保护法不同，完全是一项新发明，并和美国的管制形成了鲜明的对比：美国的公共事业管制从未通过设定法定职责来促进竞争（Beesley 和 Littlechild，1991，第 45 页）。

促进竞争的举措涉及推动新竞争对手的加入，包括已有竞争对手进入到新的细分市场，而这要求行业管制者做到心中有数，能够评估自己的方案与竞争对手进入概率之间的关系。竞争是需要管制的，原因有很多方面。从大的方面来看，重组、竞争、放松管制、管制与自由化之间的关系太复杂。这种关系是路径依赖的，也是环境依赖的。"政治"可以被界定为不同压力群体互动的过程，这些不同的群体利益诉求不同，力量也不同。而政治会对特定结果产生相当大的影响。更具体地讲，监管机构承担促进竞争的职责也部分地反映出从国家垄断转型到市场竞争实施过程中的难度。但是，对竞争进行管制是一个标志性的背离，远离了公平竞争环境的理想状态（Veljanovski，1993，第55页）。作为经济管制的一个特定目标，促进竞争与消费者保护之间也存在潜在的利益冲突。竞争会导致部分消费者的利益受到损失，尤其是如果之前这些消费者曾享受着特惠待遇；而且竞争和很多社会目标也是不一致的。"撇脂"这一概念就说明竞争与普遍性的服务之间是很难完全一致的（Veljanovski，1993）。

3.5.3 私有化

在陈述英国电力供应行业促进（有效）竞争的经验时，还需要回答另外一个问题：英格兰和威尔士的电力供应行业重组以及竞争管制是否建立在私有化的基础上，如果是的话，程度有多大？或者更宽泛地讲，竞争是否取决于某个特定行业是否属于私营部门，如果是的话，程度有多大？总的来看，私有化似乎是竞争的必需条件，也是企业真正感受到所谓的竞争压力的前提。一个行业内国有企业之间的竞争通常只是为了从财政部抢夺资源，而不是为市场而战（如如何获取中央和/或地方政府的合同）。

毫无疑问，在英国1989~1990年的改革中，政府在电力供应行业私有化过程中的执著努力是电力行业重组与引入竞争管制不可或缺的前提条件。但是私有化不可能解决所有的问题。虽然各个政府出售自己的"传家宝"是为了实现多重目标，但是这种举措的主要理论依据还是为了提高经济效率。支持这一想法的最重要的观点是说经济市场产生的效果要高于政治手段，这一点可以从所谓的"产权市场"和"经理人市场"体现出来。暂且不管政府的管制出于何种考虑,就竞争和管制的去政治化而言,其可能的收益进一步支持了这一观点。但是,我们应该马上注意到一个非常重要的悖论,即在企业私有化的过程中,"政府失效"带来的负面效应只能通过政府手段来弥补。一是,产权转移这一决策是由政府官员来制定的。二是,伴随着产权转移的实施,政府通常会有意识地改变新兴私有化企业所面临的竞争水平和管制架构。在大多数情况下,这种变革事实上是不可避免的,而这就导致我们难以进行私有化之前和之后的收益对比。此外,这些变革具有很大的随意性,因为即使我们假设这些变革是为了提高经济效率(而这一点并不是很明确),这一目标也无法帮助我们清楚地确定选择哪种方案,而我们已经看到,竞争的改变和管制的改变又是至关重要的。但是,这些决策所面临的危险正是来自执行这些决策的政府官员,而这又是这些决策期望解决的问题。此外,对于采取何种技术来推行私有化,以及其他的一些战略决策,也都面临同样的问题。换句话说,只有政府官员们才能够构建(或重新构建)经济优先于政治这样的排序,但如果假设他们是效用最大化的追求者,那么他们为什么会有兴趣做这件事呢,更别提把这件事情做好了。降低政府干涉、迫使企业面临经济压力所带来的收益也许是巨大的,但是在现行的政府程序中可能无法实现。这就是从英国经验中获得的最后一点教训,但也是非常重要的一点。换句话说,私有化,更确切地说,是电力供应行业私有化的决策,的确是推动行业竞争的一个必要前提条件,但是在将这一决策付诸实施的政府议程中,需要特别关注那些随意违背最初承诺的风险。

3.5.4　矿物燃料税

不论当时政府的真实意图如何，简单地说，矿物燃料税是从拥有经营执照的电力供应商——或者是公共电力供应商（PESs），或者是二级供应商那儿征收的，而税收收入又转移支付给公共电力供应商。但是这里必须注意到一点，非矿物燃料责任书是这一切的起点。依据这一责任书，公共电力供应商有义务从非矿物燃料发电厂（核电厂和可再生能源发电厂）购买事先约定好的电量，以部分满足自己特许客户的用电需求（最初这些客户的用电高峰需求量一般低于 1 兆瓦，从 1994 年 1 月 4 日到 1998/1999 年，需求量低于 100 千瓦）。因为当时这些非矿物燃料发电的成本远远大于其他的发电途径（如果成本和价格趋势走低，那么这种情况现在已经有所改观，或者即将有所改观），政府决定应该对公共电力供应商进行补偿，以补贴其履行这种责任时产生的额外成本。因此，政府对拥有经营执照的供电商提供的电力开征矿物燃料税（最初是供电价值的 10%，现在是 7%），由电力工业局局长负责实施，他有权决定一定时期内的税收标准，一般提前三个月下发通知。同时，为了促进电力交易，简化交易程序，政府决定将公共电力供应商一同纳入征税体系，这样就由"非矿物燃料电力购买处"来处理公共电力供应商的补贴事宜。

这一税收管理方式取决于英格兰和威尔士的电力市场是如何组织的：所有 1 兆瓦以上的供电商所提供的电力均需采用投标方式进入电力池（现货市场），这是国家电网公司调度的基础。每天半小时的竞标形成所谓的上网电价，这又成为供电商和最终客户之间签订电价合同的参考价。这种合同即所谓的利差合同（CfDs）：如果上网电价与合同中签订的价格有所差异（多数时候都是如此），那么差价会补偿给最终客户（如果合同价更高的话），或者差价由最终客户支付（如果合同价更低的话）。这样做是因为最初双方都是从电力池买卖电力、支付上网电价的。

与再生资源供电商签订的合同也是差价合同，这些供电商会通过正常的招标程序来进行选择，最初只有核电公司。这些供电商提供的电力也是先进入电力池，以上网电价进行出售，之后上网电价与合同价之间的差额部分会补偿给它们。这一差价有时候会被称为溢价。再生资源供电商与"非矿物燃料电力购买处"签订合同，后者代表公共电力供应商，有义务来购买以这种方式提供的电力。这样，从所有拥有经营执照的电力供应商那儿征收的资金最终都有效地通过公共电力供应商用在可再生资源和核能供电商身上，但如同我们所看到的那样，这条利益链有所延长，包括征税单位、电力供应办公室总主任和购买机构。因为合同是在供电商和购买机构之间签订的，而后者代表公共电力供应商来执行这一职能，所以我们可以说公共电力供应商并没有用到那些税收收入，这里无须用过多篇幅来解释，我们知道这些税收是用于支付上面提到的那些溢价的。

暂且不论这一税收名义是否只是英国挽救核电产业的一块遮羞布，但每年 10 亿英镑的总税收最终确实用在核能发电机上。核电产业的组织架构也是与时俱进的。最初在 1990 年的时候，政府设立了两家国有企业：英格兰和威尔士的核电公司，以及北部的苏格兰核电。1996 年，以地区划分的组织架构被技术划分取代：采用 AGR 和 PWR 反应堆的核电站成为英国能源（1996 年 6 月私有化）的一部分，而采用老式的 Magnox 反应堆的 Magnox 电力公司之后与 BNFL 合并，1999 年 7 月，BNFL 也宣布了私有化计划。毫无疑问，矿物燃料税的征收不仅帮助英格兰和威尔士的核电产业渡过了生存危机，还赢得了商业价值——整个英国核电站的效率从诸多方面都获得了提升。另外，核电站出售的方式也确实有助于避免所谓的搁置成本（Jasinski，1998）。与此同时，来自矿物燃料税的资金也用于支持和推进可再生资源的发电（Ross，1998）。这一举措与英格兰、威尔士的电力供应行业引入竞争机制是非常匹配的。在扶持有所侧重的竞争机制引导下，电力的平均价格从 1994 年的每度 4.35 英镑降到 1998 年 10 月的每度 2.71 英镑。

3.5.5 评价：市场与价格

英格兰与威尔士的电力供应行业引入竞争时所采取的或有待采取的举措形成了一整套方案，其实施本打算花费 8 年时间，但事实上延长了几乎一年，主要为了解决特许市场上的遗留问题。而对于某些地区电力供应商来说，几个月之前才刚完成这一转型。因此，我们不得不等候一段时间才能全面评价英格兰和威尔士的电力市场绩效。

即便如此，我们还是可以思考一下，英格兰和威尔士的电力供应行业是否在运转，是否运转良好？但是这一问题很难直接回答，而且会引发出其他一系列问题。例如，在一个充满垄断元素的行业内，存在一个运转良好的市场究竟是指什么？如何识别出一个运转良好的市场，如何将它和运转不好的市场进行区分？是不是只要观察到企业间相互竞争就足够了，即使我们无法清楚地解释它们的竞争行为，还是说我们需要明确企业间的相互竞争究竟对消费者和整个经济起到什么作用？换句话说，我们是否喜欢变革的结果，我们需要多大程度的耐心去等待我们所期望的结果？仅仅确认竞争行为的基本原则没有被违背是否还是不够的？

假设竞争最终会成为一种自我维持的市场机制，那么我们应该审视一下电力管理办以及之后天然气与电力市场办公室总主任所从事的活动。评价电力市场是否是竞争市场的另一重要元素是长期以来价格和成本的变化，包括电力市场以及其他能源市场的价格和成本变化，还有用于发电和大气排放的燃料的变化。

在这里有必要强调一下，监管机构无权直接控制发电价格，因此就无法阻止大型发电商进行反竞争的上网电价竞价行为。但是，电价的变动吸引了诸多大众的眼光，结果，监管机构通常觉得自己有必要做出一些反应。许多引起争论的例子都是与所谓的发电商"自愿行为"相关，如竞价时报价不超过某一水平，"自愿"出售自己的一部分发电产能等，这类事件发生过两次：1994 年和 1998/1999 年。1994 年《金融时报》Lex 专栏描述这一变革时引用了 Littlechild 教授的话，这位教授好像特别热衷于直接的工程学方法：面对发电这一复杂而又每况愈下的市场，管理机构最终敲响了几下健康的重锤（1994 年 2 月 12~13 日）。随后独立发电企业协会的一位代表指出：我们不明白他（指 Littlechild 教授）为什么会认为压制电价会鼓励竞争（《金融时报》，1994 年 2 月 12~13 日）。随着时间的推移，这些冲突导致人们对电力现货市场的运行方式日益不满，尤其是大型的能源使用方。这就推动了电力交易机制改革的尝试，但是大家并没有达成共识。一些基本的相关立法也是改革必需的，但却没有得到基本的保证。其他的争论包括 1995 年分配审查的再次开放和所谓的"双燃料"法案——同时对电力和天然气进行营销，但是由于这两种能源私有化的日程表不同，结果带来很多问题。

所有这一切究竟能否告诉我们说，英格兰和威尔士的电力供应行业的竞争是有效的呢？电力一直是政府监管非常严格的市场。市场机制虽然早已经引入到该行业，但还没有完全为人们所信任。结果，英国电力管理办的总主任几乎要对所有相关公司的利润变动（增加）和/或向客户收取的电费价格变动做出反应，至少是发表一下自己的观点，而几乎每一个人都是电力行业的一个客户。而且，电力市场也是一个非常政治化的市场，而 1997 年 5 月的政府改选并没有在多大程度上改变这个市场。工党执政时，曾许诺针对监管架构进行一场意义深远的改革，但是到目前为止唯一作出的变革就是将电力管理办和天然气管理办进行了合并。这个想法看起来很好，但如果从管制的运作来看，其实只是表面文章。1997 年开始推出的另一项变革是暂停天然气发电站，这纯粹是为了政治目的，而且遭到了两个监管机构的明确反对。即便如此，在整个改革过程中，还是出现了一些比较重要的公司合并和收购，这些行为不断地改变着行业的结构，还出现了所谓的多种经营公共事业公司，最好的例子就是苏格兰电力公司，它同时经营着电力、天然气、通信和自来水业务。

我们可以从不同的视角来看待英国电力供应行业自由化的作用和结果——当然，激进一点讲，这一改革主要局限在英格兰和威尔士（本节下面的内容主要来自贸工部的各种出版物，大多数图表来自 1998 年 12 月份的《英国能源简报》）。首先，发电企业刚刚获取商业自由，这会引导他们重新评价各种能源的使用，从而改变发电中能源的使用状况。在英国，这主要体现在以下两方面：一是天然气的使用量迅猛增加；二是煤炭使用量迅速下滑。后者下滑的速率还要高于前者，因为还要考虑到核电厂带来的电量增加以及政府对可再生能源的有效支持。图 3-2、表 A14 和表 A15（见附录）对此进行了说明，为了更好地评价趋势性的变化，这些图表中增加了1970~1990 年的数据。

20 世纪 70 年代初期天然气被发现后，其消费量就迅速上升。在过去 20 年中，天然气的工业消耗相对稳定，增加了 5%，但是民用消耗增加了 80%，而服务业的天然气消耗则翻了一倍多。但是，在过去几年中，天然气消耗的增加主要是用于发电，这几乎增加了30 倍。与世界趋势不同的是，英国新建设的天然气发电站选址都在英格兰和威尔士，主要生产基础负荷电力。如今，天然气消耗的

26%是用于发电。尽管还有新的 CCGT 发电站仍处于建设期，但是英国目前已经停止建设新的发电站了。正如之前我们提到的，这一禁令争议颇大，很可能面临欧盟机构的挑战。

与 1996 年相比，1997 年英国煤炭产量下滑 3%，主要是由于深井煤产量下降了 6%，而露天煤产量则增加了 22%。1997 年的煤炭产量只有 1970 年产量的 1/3。图 A2（见附录）中 1983~1984 年煤炭产量的大幅下滑是由旷日持久的煤矿工人罢工引发的。但更重要的是，从图 A2 中可以看出，煤炭产量的下滑趋势早就显现，而且在可预见的未来会持续下去。这主要是由煤炭消耗的变化引起的。

1990~1997 年，发电站的耗煤量从 8400 万吨降到 4710 万吨；而与此同时，发电站用煤占全部煤炭消耗量的比例在 1997 年为 75%，1990 年为 78%，1980 年为 73%，1970 年为 49%。整个 20 世纪 90 年代，煤炭消耗量的下滑更为迅猛，过去 6 年中，每年的下降率达到 82%，而之前 20 年中每年的下降率仅为 12%。因此，将长期的煤炭行业的衰亡全部归罪于电力行业的自由化显然是不正确的。

在考虑到发电所消耗的煤炭和天然气的变化时，必然要考虑到核电厂的产量以及可再生能源的使用。图 A4 和图 A5、表 A17 和表 A18（见附录）展示了相关的数据。

1997 年英国核能发电量达到历史性的 89 太瓦时，占全国发电量的比例达到 28%。与 1990 年相比，1997 年英国核能发电量要高出 50% 多，尽管在这一时期只有一家核电站——Sizewell B 在运作。核电产量的增加主要来自效率的提高，而这又可以追溯到管理层期望自己的公司能够私有化这一动力。为了实现这一目标，管理层有必要证明核电站在没有任何政府补贴的情况下能够赢得商业意义上的生存。

生物燃料占可再生能源的 82%，剩下来的大部分可再生能源主要来自大型水电站。风电贡献了 22%。在相当于 230 万吨石油当量的可再生能源中，140 万吨用于发电，90 万吨用于提供暖气。1990 年以来可再生能源的使用已经翻了一倍。

对图 A1~图 A5、表 A14~表 A18（见附录）中的数据进行概括总结，可以跟踪用于发电的能源消耗的变化情况（见附录图 A6 和表 A19），为了便于比较，这些图表将 1970~1990 年的数据也包含进来。根据这些数据，我们可以得出一个结论，即近年来用于发电的燃料已经发生了巨大变化。虽然煤炭还是发电市场最大的燃料来源，但是在 7 年当中，其比例已经从 2/3 降到 2/5。1997 年，天然气占到发电市场燃料的 27%。人们常说的这种"天然气冲刺"最近引发了一些担忧，担心过度依赖这种燃料，而且会对英国煤炭行业形成致命的一击。这就是为什么目前的工党政府决定推出一项颇具争议的禁令，即在两年内停建天然气发电站。

发电市场的改变必然会引发用电消费的变化和电价的变化，这在绝对意义和相对意义上讲都是如此。图 A7 和图 A8、表 A20 和表 A21 汇报了相关的数据。我们从中可以看出，过去几年来民用和服务业的用电消费分别增加了 5% 和 15%；工业用电在不同行业会有所差异，但是过去 3 年中每年都在增加，1997 年达到用电峰值。

电价是任何一个国家在讨论供电行业自由化的可能性以及具体实施时都会重点关注的问题，英国也不例外。同时，自由化的一个结果是，人们越来越难就电价问题展开讨论，即使是给定一群客户也是如此，这就好比有效的竞争机制站稳脚跟的同时，政府公布关税的义务就逐渐消失了。与此同时还需记住的是，高度公开透明的上网电价与人们实际支付的电价之间并没有直接联系。因此，了解英国电价变动的一种方法是将电价与工业领域的其他燃料价格进行对比，该数据显示在图 A8 和表 A21（见附录）。

和 1996 年相比，1997 年的工业用电价格急剧下降，按实际价格来计算的话降幅达到 8%；和 1990 年相比的话达到 212%。这些年电价下滑的背后因素是矿物燃料税降低带来的结果。目前平均的工业用电价格要比 1970 年有记录以来的任何一年都要低。煤炭也是如此,自 1990 年以来其价格下滑了 36%。1997 年天然气价格虽然上涨了 2%左右(当然对一些大型的顾客来说上涨幅度更大),但是仍然处于历史低位,比 1990 年低 46%。随着原油价格下滑,重燃油的价格在 1996~1997 年下跌了 7%。

总的来说,按实际价格计算的话,1997 年的国内能源价格(含增值税)连续 3 年下跌;和 1996 年相比,1997 年平均的实际价格降低了 52%。自 1997 年 9 月 1 日开始,增值税从 8%降到 5%,这又导致能源总价降低 1%。在这一大趋势中,电价平均下降 7%,燃油下降 5%,煤炭下降 12%。1997 年天然气市场竞争的全面铺开可以解释其中 32%的年度降幅,而消费者转向新的能源供应商则可以解释其中近 20%的年度降幅。在整个 1990~1997 年期间,电价实际下跌了 92%,天然气下跌了 12%,燃油下降了 24%。

最后,但同样重要的是,人们一直担忧电力行业自由化对自然环境造成的影响。可以预见的是,英国电力行业自由化带来了发电用天然气和可再生资源使用的增加,还有一个间接作用是,核电站的效率有所提高,这样该行业的二氧化碳排放量会有所下降。这一效果可以从图 A10 和表 A23(见附录)中看出来。

第❹章 欧盟与德国的能源政策体系

4.1 欧盟的能源政策与德国的生态税改革

4.1.1 欧盟的能源政策

欧盟能源政策的主要目标在于确保能源供应与环境保护,同时能够维持自己的国际竞争力。每个成员国的能源政策必须依据这些目标进行评估,此外,它们的政策必须符合欧盟单一市场的要求以及欧盟的国际气候政策。

欧盟能源政策的目标在《欧盟能源政策白皮书》中陈述得非常清楚(COM,95,682,final)。根据白皮书,欧盟能源政策是以放松管制和市场整合为基础的;政府干涉必须高效且作用明显,符合公众利益,并有助于推动可持续发展、保护消费者利益、提高经济的凝聚力和社会团结。能源委员会在1998~2002年针对能源市场采取了"多年体系计划"（COM，98，607，final）。该计划的核心在于协调欧盟内多种与能源政策相关的活动和想法，增进政策的透明度，提高政策的效率。拨给这一政策领域的资金是非常有限的，1998年11月能源委员会同意拨出1.7亿欧元作为预算。额外的资金也可以分配给协调基金国家的项目以及所有的成员国，因为欧盟委员会规定，欧盟结构基金的5‰可以用于创新性的项目（这里可以是能源政策领域的项目）。

欧盟主要强调以下的结构性目标：

（1）增加能源供应中可再生能源的比重——如有可能的话，2010年比重增加一倍，达到15%。

（2）提高能源供应中天然气的比重，因为天然气作为一种能源燃料非常环保。

（3）达到核能的最高安全标准。

（4）维持能源整体消费中固体燃料（无烟煤和褐煤）的比例，这似乎反映了某些国家的期望，如英国、德国和西班牙。这样可以在一定时期内维持它们各自煤矿的竞争力。但是这里必须指出的是，各个国家的煤炭补贴政策并不一致（Greenpace，1997）。

（5）欧盟也资助一些有关能源节约、新能源的开发、核聚变等方面的研究。

就欧盟内部市场而言，欧盟颁布了两项重要的指令。继1990年和1991年电力和天然气运输指令之后，欧盟在96/92/EC指令中达成协议（Official Journal 30.01.1997），进一步放开了电力市场，其中规定了欧盟外第三方在电力网络中可以进行国际贸易。而且，欧盟委员会和欧洲议会同意在98/30/EC指令中保持一致的立场，在1998年放开天然气市场。欧盟委员会每年就这两个指令的进展状况汇报一次。

欧盟就如何减少温室气体（尤其是二氧化碳）制定了一套行动

方案。在 1997 年的联合国京都会议以及其他国际会议中，这一政策领域显得尤为重要。根据欧盟的承诺，2008~2012 年，欧盟的二氧化碳排放量必须比 1990 年下降 8%。而随着成员国数量的增加，欧盟面临着更多的挑战，因为欧盟至少经历了两波新成员国的加盟。《欧洲能源宪章》于 1997 年 12 月底批准实施，它确定了欧盟东部和西部在能源领域的合作框架。

1997~1999 年，欧盟的电力产出有所增加（EUROSTAT，1999）：1998 年与 1997 年相比，下列国家的电力增加尤为突出：葡萄牙（14.9%）、希腊（6.5%）、比利时（6%）、爱尔兰（5.9%）、瑞典（5.4%）、荷兰（4%）和意大利（3.3%）。英国、芬兰、奥地利、法国、西班牙和德国的电力增长较少，而卢森堡（-8.3%）和丹麦（-6.5%）则经历了电力产出的负增长。就电力产出的结构而言，传统的火力发电所占比重有所增加（4.6%），占总发电量的 51.5%；核电站的电力产出略微下降，占总发电量的 34.1%；水电站的发电量增加近 5%，占总发电量的 14.4%。1998 年欧盟进口的电力为 13.8 太瓦时，占总发电量的 5.9%。法国、德国、丹麦、奥地利和瑞典是电力净出口国；最大的电力进口国是意大利和英国。欧盟的整体电力供应量为 2329.5 太瓦时，比 1997 年增加 2.1%。就电力来源的结构而言，只有少数几个欧盟成员国的水力发电（以及其他非核电和非火电）的比重在 1998 年能超过 20%：西班牙、意大利和芬兰的水力发电比重均为 20%；葡萄牙和瑞典分别达到 34.5% 和 47.7%；卢森堡达到 90.9%，西欧水力发电比重最高的国家是挪威，达到 99.4%。

德国联邦政府多年来一直强调所谓的"能源效率政策"目标，并在运输和建筑领域制定了相应的财政指标和规定。为了提高能源使用的效率，该国的市政府和州政府采取了许多措施，尤其是向商业界提供相应的贷款和补助金。所有这些措施都必须上报给欧盟委员会。但是，德国用于能源节约方面的开支并不透明，这一点可以从 OECD 的德国能源政策报告（1998）中看出来：对于一个处于领先地位的工业化国家而言，这是一个非常令人不满的局面，必须尽快有所改变，要求所有市政府和州政府全面如实汇报相关数据。OECD 的报告中（第 42~43 页）指出：

"德国的法律或宪法并没有对地方政府有权采取的节能措施做出限制，但是作为一个惯例，同一个项目不应该同时从多个公共机构获取资金支持。像北莱茵—威斯特法伦州和萨克森州在节能方面比其他地区做得更为积极。他们没有义务向德国联邦政府汇报自己的活动。但是德国联邦政府希望能被告知。1997 年一项关于联邦政府和州政府资金使用的调查报告出炉。该调查没有考虑市一级政府和某些州的费用支出，因为它们没有提供数据。表 4-1 列出了调查的结果：参与调查的州政府的整体开支一直在上升，近年来几乎可以比得上联邦政府。"

表 4-1　德国 1990~1996 年的节能支出（联邦政府与参与调查的部分州政府）

单位：百万德国马克

年　份	1990	1991	1992	1993	1994	1995*	1996*
联邦支出	1242	1008	1212	1186	1285	1316	1461
州支出	556	978	802	1092	1604	1169	956
总支出	1798	1986	2014	2278	2889	2485	2417

注：* 为临时数据。
资料来源：国家提交的数据。

4.1.2　欧盟征收碳税/能源税的倡议

1992 年和 1995 年欧盟委员会曾两次草拟了碳税/能源税的计划书，但是直到 1997 年 3 月 12 日欧盟理事会才颁布理事会指令"重组共同体能源产品的税收体系"（COM，97，30，final）。该指令与 1994 年德国在欧盟担任理事会主席国时提出的倡议非常一致，旨在增加矿物油的最低税率，并将矿物油税收的范围扩大到所有的天然气、固体能源（无烟煤和褐煤）和电力等能源产品。这一指令意味着只要经欧洲议会审核同意，一项新的税收制度会在 2002 年付诸实施，而现行的欧盟矿物油税收指令（92/82/EEC 和 92/81/EEC）将被取代。该指令提出了多项免税措施——见第 13~16 条——并且指出，不同类型的能源，譬如，普通的机动车燃油、特定工业和商业用途的机动车燃油（如农业用途）、供暖燃油和电力，将被征收不同的税率。更重要的是，免税条款规定，作为原材料的能源产品无需缴税。成员国可以为可再生能源以及发电过程中产生的热能申请免税或减税（第 14 条）。如果一个企业的非运输类能源成本超过其生产总成本的 10%，那么成员国可以为其申请返还部分税款。如果该比率超过 20%，那么成员国必须返还一定额度的税款。依据这一规定，企业所支付的税款净值应该不低于销售总额的 1%（第 15 条）。出于某种特定的政策考虑或者在特定的时期，成员国可以获准申请免税或低于该指令中最低水平的税率（第 16 条）。

Wuppertal 机构对 1997 年指令中的倡议提出了一份重要的评估报告：通过对所有成员国的所有能源类别实施相同的最低税率，CEC 就可以实现针对所有竞争对手的公平竞争。（……）其中重要的一点是针对固体能源，尤其是煤的税收。像德国、法国和西班牙这些国家仍然会对它们的煤炭行业进行补助；结果针对煤的税收显得是个悖论。但是从环保角度来看，煤炭的起征税率为每吉焦 0.2 欧洲货币单位，似乎显得太低了，毕竟煤炭是每能源单位二氧化碳排放量最高的化石燃料。而且从环保的角度来看，天然气作为一种相对清洁的能源，其碳税税率和煤、泥煤的一样，这似乎也不太合乎情理。依据电力最终用途（产出）来征税比较便于管理，但是却没有考虑到不同发电物质对环境的影响不同，而对于这一点有些成员国是愿意考虑的。作为一种妥协，CEC 在 1998 年授权成员国可以在最终使用税每兆瓦 1 欧洲货币单位的基础上，按照发电中的首要能源燃料进行征税。但是由于没有设定能源燃料的最低税率，因此成员国不太可能征收额外的能源税来反映不同发电方式对环境造成的影响。电力非常便于交易，而且是同质性产品，运输成本又低，因此欧盟的电力贸易目前处于增长阶段。只要欧盟没有针对能源燃料设定同一税率水平，单边（双边）税收就会导致成员国出现竞争市场扭曲的局面。

这里还要强调一下，德国的环境专家理事会也倡议针对主要能源燃料采取不同的税率。

上述内容很好地总结了欧盟征收能源税的最重要的观点，但是有一点必须说明，即考虑发电过程中不同的能源燃料对环境的影响不同，政府可以采取相应的退税制度，对那些环境友好型的能源燃料进行一定比例的退税。德国政府在设定税收理念时并没有区分发电燃料本身的差异性。因此，电力行业会面临较高的调整压力，一方面生态税的提高会迫使行业价格上升；另一方面欧盟放松管制会导致行业价格下跌。

4.1.3　欧盟电力市场化指令与德国的能源政策

欧盟电力市场化指令于 1997 年 2 月 19 日付诸实施，要求各成员国的相关法律在两年内做出调整。该指令要求各国电力市场的最低开放程度在 1999 年达到 23%；2000 年达到 28%；2003 年达到 33%。天然气市场也采取了类似的欧盟市场化指令，于 1998 年 6 月开始实施（要求在 2000 年 6 月之前写入各成员国的相关法律）。天然气市场化的最低开放程度同样分为三个阶段，2000 年年中达到 20%；2003 年年中达到 28%；2008 年达到 33%。天然气市场化与电力市场化是相互关联的，这是因为发电燃料中天然气的结构比例增加，这会带来电力市场后续的自由化。在未来 10 年中，随着欧盟单一能源市场的形成，成员国之间的电力交易会大幅上升。1997 年德国的电力进口只占到 7%。欧盟内部的电力交易会得益于两方面的发展：一是政府要求的市场开放；二是能源领域的国际并购不断增加。例如，法国的 EdF 公司最近收购了伦敦电力公司，并迫切希望在德国电力市场进行收购；而随着德国电力管制的放松，德国工业用电价格将低于法国 EdF 公司的国内价格，这将促成并购的实现。芬兰的 IVO 公司收购了 Stockhom Energi 公司。还有人注意到一些英国公司开始购买美国企业的股份，这与 20 世纪 90 年代初期美国发电厂在英国能源市场进行投资正好是逆向操作。此外还有一些国家级的兼并项目，如在西班牙、英国和德国等，这是因为在传统的能源发电市场存在着相当高的规模效益——当然只是在传统能源市场，而不是在太阳能领域。

因为对所有行业和所有家庭来说，能源都是一项非常重要的投入，所以对于 OECD 国家来说，能源供应的安全性和输电网络的正常运营就显得尤为关键。由于核能发电存在很多危险性，尤其是核废料储存问题，很多欧盟国家已经决定逐步放弃核能发电（如德国和瑞典），或者宣布不再建设核电站（如奥地利）。随之而来的问题是，在多大程度上存在着经济上可行、生态上可接受的发电模式。由于欧盟已经针对电力和天然气推广自由化，毫无疑问，竞争压力会改变整个能源燃料的替代过程。英国、瑞典、挪威和芬兰这些最早实施自由化的国家的经验表明，天然气在发电中的角色越来越重要，热电联产为提升效率提供了很有趣的机会。

从长期来看，可持续发展要求 OECD 成员国降低对能源的使用。欧盟的能源市场自由化将根本性地提升管理效率，降低能源价格，但有可能极大地增加欧洲的排放水平。因此，欧盟有必要采取连贯性的能源税政策，以鼓励能源的节约。这种税收政策意味着在一定程度上对二氧化碳和二氧化硫的排放进行征税。最终可以将特定的国家税收体系和国际碳排放交易体系进行有机的整合。

欧盟曾经针对欧盟东部地区的扩大提出了分两步走的设想。因为好几个东欧国家——包括俄罗斯在内——在发电和能源出口方面均具有比较优势，未来的欧盟能源战略应该遵循开放式能源市场的原则：最终东欧国家可以出口更多的能源和电力，这样这些后社会主义国家现代化建设所需的投资——经常依赖于欧盟对投资产品的进口——就可以从能源出口的收入中获取。如果欧盟国家对能源燃料进行征税，那么如何在电力进口方面制定合理的关税政策将是一个复杂的问题。

波罗的海周边国家、维谢格拉德成员国、俄罗斯等在电力行业的现代化投资和扩张使得欧洲于 1999 年开始形成泛欧洲大陆的电力网络，这导致以前所谓的东欧和西欧之分不复存在。

德国的能源政策主要表现为以下三个特征。

（1）德国的天然气和电力行业包括数量众多的企业，其中很多是市政所属公司。由于与市政府签订的特许协议以及划界约定的存在，该行业的竞争有所削弱。划界约定是存在潜在竞争关系的公司之间签订的合同，约束各自在某一特定区域的市场进入（两个公司私下签订的合同并不能阻止新进入者涉足这一市场）；而特许协议则是市政府从电力和天然气配送企业征收特许经营费的基础。

（2）通常情况下，市政府会与一家公用事业公司签订一份排他性合同，授权该公司在市政所属区域内为最终用户铺设线路——有时候市政公司也会涉足当地针对最终用户的分销业务。划界约定和特许协议这一体系对天然气和电力均适用，这两个合同都在 1957 年反对抑制竞争法案的指导下实施。但是，随着取消管制的盛行，这些有违竞争基本原则的规定在 1998 年的修正法案中得以废除。

市政府将特许费用于交叉补贴其他领域的赤字，主要是用在公共交通。1999 年德国仍有 900 家左右的市政公司涉足天然气和电力的配送以及电力生产。1998 年 4 月新法案付诸实施，废除了排他性的特许协议和划界约定，天然气和电力两行业才对所有的消费者（包括家庭）实现真正的市场化。电力行业解除管制的力度很大，结果在竞争的压力下，1999 年德国的电力价格有所降低。立宪法庭的一项决定导致了电价的提前下跌。

（3）德国是 20 世纪 90 年代在生态税改革的大背景下率先采用能源税的少数欧盟国家之一。由于德国占欧盟 GDP 的 1/4，又是欧盟最大的出口国，因此分析不同生态税改革理念在德国的作用将是一件有趣的事情。也就是说，德国被视为更广泛意义上的欧盟生态税改革的一个潜在榜样。同时，针对德国进行分析，可以集中回答这样一个问题：一个经济大国能够在多大程度上追求自己国家的生态税政策，而不考虑那些重要的负面国际影响？下面我们来进一步分析一些精选的理论、实证和政策问题。

传统意义上，德国的能源政策在发电和节能方面主要依靠自愿性协议和政府管制。除了联邦规定之外，州政府和市政府也会关心如何降低二氧化碳排放，主要是通过能效计划、为可再生能源提供激励等措施来实现。1996 年 3 月，市政公司协会声称它们在 1990~2005 年将降低 25% 的二氧化碳排放量。这一声明是德国相关行业自愿性协议的一部分。

二氧化碳减排的自愿性协议是由 14 个行业、4 个来自 BDI（德国工业联合会）的协会以及德国工业联合会在 1995 年 3 月共同签订的；它们同意一起减少二氧化碳排放，提高节能水平。这 14 个行业占德国工业能源消耗的 2/3。各个行业——包括位于东德的企业——签订各自的承诺书，承诺在 1987~2005 年减少 20% 的碳排放或减少 20% 的能耗（有时候承诺书中甚至会明确指出具体的减排指标值）。1996 年 3 月，德国工业在自愿性协议的新版本中进一步明确了自己的承诺，提出在 1990~2005 年降低 20% 的二氧化碳排放。这项所谓的自愿性协议计划得到了来自 KfW 银行（德国的一家国有银行）和德国 Ausgleichsbank 银行的低息贷款支持，主要为中小企业的能效改进活动进行融资。但需要注意的是，设定特定的能耗目标存在一个明显的不足之处，即国内和国际的需求增长会导致产出和排放量绝对数值的上升。在达成自愿性协议之后，德国政府决定推迟针对供热系统能效的管制步伐。而且，联邦政府宣布参与自愿性协议的工业领域可以免去能源税/碳税，或者只要这些工业兑现自己的既定承诺，这一税收可以被抵消。

4.1.4　生态税改革的三个阶段

德国政府决定采取分三步走的能源税改革方案。第一阶段于 1999 年 4 月 1 日开始实施，对电力、燃料、供暖用油和天然气进行能源税征收。这样德国税收体系就新增加了一个元素，即引入电力税，但是这时候没有区分发电所采用的首要能源投入的种类。德国政府会为一些行业提供特定的免税和减税政策。在 1999 年，预测的政府年税收为 113 亿德国马克，略低于社会保障支出所需要的 120 亿德国马克。

这里我们有必要区分一下标准税率——针对各个家庭、小型的电力用户和运输行业——和生产领域（包括制造业、服务业、农业和林业）的减免税率（见表 4-2）。

德国每年从可再生能源领域征收的税收预计为 3 亿德国马克，这些收入全部用于资助可再生能源的进一步投资。这一特点，再加上能源价格上升带来的节能效应，就形成了生态税改革的环境改善效应——这是对社会的一个（首要）红利。这里需要注意的是，如果企业在供热和发电领域总的能效比率达到 70% 或 70% 以上，就不

表4-2 德国第一阶段生态税改革的税率和预期的税收

能源类型	标准的税率	减税后的税率 （为生产性行业）	1999年 4~12月的税收
燃料	每升6芬尼（增加）	每升6芬尼	28亿德国马克
供暖用油	每升4芬尼（增加）	每升0.8芬尼（增加）	10亿德国马克
天然气	每升0.32芬尼（增加）	每升0.064芬尼	14亿德国马克
电力 （有轨电车和公共汽车） （现有的供暖）	每度2芬尼 每度1芬尼	每度0.4芬尼 每度1芬尼	33亿德国马克
		基础税收支付：50000度× 2芬尼每度=1000德国马克	
			85亿德国马克（=每年 113亿德国马克）

资料来源：德国财政部。

需要缴纳所谓的矿物油税。生态税改革的第二个重要效应（第二个红利）是其税收可以用于降低社会保障缴纳比例0.8个百分点：从20.3%降低到19.5%。社会保障缴纳的减少这一福利可以为雇主和员工平等分享——从法律角度来看，两者都对社会保障资金的缴纳做出贡献（1998年初整体的社保缴纳比率为42.3%）。随着生态税改革第二步和第三步的推行，社保缴纳比例估计将降低到40%以下。

依据生态税改革的规定，生产性领域的企业需要支付较高的额外税赋，但在一定情况下这些企业也可以享受到税收的折扣。在德国，所有的企业在电力使用方面都遵循一个基本的税收标准：在最初消耗的5万度电之内每度缴税2芬尼，即每年1000德国马克的基本税赋。超过这一额度之后，如果企业的生态税支出大于其缴纳的社会保障的一定比例，企业就会享受一定的折扣，采用降低的税率。这一临界点是1.2，即超出这一比例的企业可以从海关那里获得超额部分的补偿。例如，在生态税改革之后，企业额外支付的能源税为150万德国马克；企业可以享受到雇主社保缴纳减少的优惠（减去0.4个百分点）——这样优惠后的社保支出为100万德国马克。这一比例是150万德国马克除以100万德国马克，等于1.5，超

出了临界点 1.2。那么该企业可以从海关那里获得 30 万马克的补偿
（150 万~120 万德国马克）。欧洲委员会认为最初草拟的免除所有高耗
能行业（能源成本占总成本 64% 以上的行业）能源税的计划违背了共
同体法律，因为这种免税是为特定行业提供补贴/资金支持，而这一
点是欧洲委员会不太赞同的。因此德国引入了这一税收打折方案。

1999 年 6 月 23 日德国联邦政府决定，德国进入生态税改革的
下一个阶段，拟在 2000~2003 年期间将燃油税每升提高 6 芬尼，电
力税每度提高 0.5 芬尼——而生产领域仍然只需要支付标准税率的
1/5。在 2000~2003 年，政府将增加 210 亿德国马克的税收，这些税
收将用来降低社保缴纳比例 1 个百分点。这样，生态税改革第一阶
段和第二阶段将合计降低社保缴纳比例 2 个百分点。

1997 年德国制造业占最终能源消耗的 26%，而 1985 年这一比
例为 31%。1997 年家庭和运输部门分别占总能耗的 30% 和 27.8%，
而服务业占总能耗的 16.2%。其中占比变化最大的是运输部门，在
1985~1997 年其占比增加了近 10 个百分点。生态税改革对运输部门
和私人家庭来说是一个相对较重的负担。所有的税负主要落在私人
家庭身上。但是，第一阶段的税收改革只导致能源价格增长了 0.2%
（RWI，1999），这不可能导致强烈的加薪要求。毫无疑问，私人家
庭需要承受新生态税改革带来的负担，但是他们也会从精心设计的
税收改革中获得有益的福利效应。虽然我们并不清楚生态税改革最
终能在多大程度上推动节能方面的投资和创新，但是欧佩克在 20 世
纪 70 年代的动荡经历仍然会让我们期待一个令人满意的结果。

在德国，行业对能源税持有抵制态度，认为行业的自我承诺就
可以成为一个很好的政策战略。在 20 世纪 90 年代初期，行业试图
说服政府放弃全面征收能源税的想法。事实上，德国政府决定推迟
采取行政和财政手段，并在欧盟层面支持所谓的"自我承诺战略"。
但是，大家可以预期到，如果生态税收入可以有效分配的话，德国

很大一部分行业能够受益于分阶段的生态税改革。只要以创新为导向的生态税改革能够强化市场体系，同时激励熊彼特式的动态创新，那么可以预见到这一修正后的税收改革能够强化市场经济体系。显然，诸多原因会导致德国名义上的企业和劳动力的税率将有所下降（Loeffelholz，1999）。

多年来德国政府的能源政策主要依赖管制政策，其中规定了一定的技术最低标准。大型条例针对大型燃烧工厂设备规定了最高标准，而小型燃烧工厂条例则针对热能产出低于 1 兆瓦（如果使用固体燃料）、低于 5 兆瓦（使用液体燃料）和低于 10 兆瓦（使用气体燃料）的燃烧设备分别规定了最高热量损失和污染标准。1996 年 11 月这一条例再次得到强化，要求新型的采用燃油和天然气为燃料的取暖系统进一步减少热能损失，而对现有的供暖工厂来说，经过一段宽限期后其热能损耗必须降低到特定的水平之下。

4.2　提升创新的生态税改革模型

下面关于欧洲生态税改革的进一步讨论将主要基于碳税展开，即对每一个能源使用者就其碳排放内容进行征税。但是这里征税的对象是能源所投入的燃料，这些燃料可以用于发电。我们只就碳税展开谈论，因为从理论角度来看这是最理想的税收对象。就欧盟范围的生态税而言，其他针对特定行业或特定能源载体的讨论，如我们刚描述过的德国案例以及其他国家的解决方案，多少有些过时了。

下面我们将依据使用碳税收入的不同途径来讨论欧洲碳税的影响。Meyer、Bockermann、Ewerhart 和 Lutz （1999）在他们的模拟研究中使用了模型 PANTA RHEI，该模型显示如果碳税收入用于降低社保缴纳的话，那么碳税的征收可以实现环保目标，并对就业产生积极的作用。但是 GDP 增速的下滑是不可避免的。这一结论在其他模拟模型中也得到了验证（Schmidt 和 Koschel，1999；Welsch，1999）。我们的问题是，如果我们总体上降低社保的缴纳，但同时将税收的一小部分用于扶持企业的研发，那么会对德国经济产生什么样的效应呢？

我们分析的工具是 PANTA RHEI 模型，该模型是围绕 58 个行业进行计量模拟和预测的 INFORGE（Interindustry Forecasting Ger-rnang）模型（Meyer 和 Ewerhart，1997；Meyer 和 Ewerhart，1998）在生态领域的拓展版本。该模型建立在 INFORUM 哲学理念之上（Almon，1991），即采取自下而上、全面整合的方法来建立计量经济的投入产出模型。自下而上的构建原理是指国家经济的每一个部门都会被仔细地纳入模型，而宏观经济的汇总数据必须是在模型中各部门的数据的明确汇总。而全面整合的构建原理是指该模型必须考虑到一个可变的投入产出结构，不同经济部门收入创造和分配的复杂性和同步性，收入在不同部门之间的再分配，以及在市场全球化背景下收入如何用在不同的产品和服务上。这样我们才能正确地描述每一行业在众多行业中扮演的角色、在宏观经济中的作用以及在国际贸易中的位置。

这些哲学概念上的优势能保证我们对行业信息和宏观经济信息进行连续高效的处理。INFORGE 模型大约有 30000 个等式，用来描述 58 个行业之间的价值流动，各行业提供给个人消费、政府、设备投资、建筑、库存投资、出口的价值，以及价格、工资、产量、进口、就业、劳动力补偿、利润、税收等行业和宏观经济信息。此外，该模型非常详细地描述了收入的再分配。模型的分析频率是年度，更新频率是半年。

PANTA RHEI 模型在此基础上又配备了一个深入分解的能源与

大气污染模型，能够区分 29 种能源载体以及它们在 58 个生产行业及家庭中的投入，还有 8 种空气污染物（二氧化碳、二氧化硫、氮氧化物、非甲烷挥发性有机物、甲烷、一氧化碳和一氧化二氮等）以及它们与 29 种能源载体之间的关系。能源需求被充分整合在企业的中间需求和家庭的消费需求里面。

INFORGE 与 PANTA RHEI 都是 INFORUM 国际体系的一部分（Nyhus，1991），该体系将 13 个国家各行业的投入产出模型通过进出口与对应的国外贸易价格进行了联结。与孤立的模型相比，这一体系具有较高的信息优势，从而可以更加可靠地分析出口对德国经济的重要贡献。这一体系从各个经济领域预测了比利时、德国、法国、英国、意大利、荷兰、奥地利、西班牙、美国、加拿大、墨西哥、日本和韩国的经济发展。这一世界贸易模型目前正在稳步发展，预计在不久的将来针对中国（包括台湾）、波兰的模型也会整合在这一体系里面（MA，1997；Nyhus 和 Wang，1997）。除了商品市场之外，INFORUM 国际体系也可以用于国际金融市场，只是没有那么细致。作为世界资本市场状况的指标，美国的利率对德国的利率具有重大的影响，这又进一步影响到德国的商品市场。

这里我们拓展了 PANTA RHEI 模型，引入研发存量对要素需求和最终产品需求的影响。在此基础上，企业的研发开支被视为内生变量。模型中用到的各行业的研发支出数据部分来自 Fraunhofer 应用系统分析研究所，这样我们可以针对大部分行业构建有意义的研发资本存量这一变量。构建研发资本存量时我们假设折旧率为15%。结果我们发现，在多个行业的出口函数中——尤其在汽车、投资产品和电气工程行业，这与预期是一致的——以及行业的劳动力需求函数中，研发资本存量与总体消费之间存在显著的关系。在后者中，多数等式中的符号是负值而且显著，行业的研发支出取决于其销售额和利润（见附录）。

4.3 模拟的结果

我们利用这一系统模型对 1999~2010 年的情况进行了模拟。
1999 年的碳税税率为每吨 20 德国马克；2010 年线性增加到每吨
230 德国马克。表 4-3 给出了征收碳税并全部用于补偿社保缴纳得
到的模拟结果，并将碳税收入分解成两部分，其中一部分用于降低
社保成本，另一部分按照 5%、10%、15% 的比例用于支持企业的研
发投入得到的三个模拟结果。这意味着政府的研发扶持可以对照企
业各自的研发活动分配到各个企业。

表 4-3 GDP、就业与二氧化碳排放的模拟结果（与正常情况对比后的偏差，%）

	标准方案	促进创新的政策		
		5%方案	10%方案	15%方案
GDP	−3.8	−2.4	−0.9	0.5
消费	−4.4	−2.8	−1.2	0.4
政府支出	−6.8	−5.1	−3.3	−1.6
设备	−5.7	−4.3	−2.6	−0.9
建筑	0.4	1.4	2.4	3.3
出口	−1.2	0.8	2.7	4.7
进口	−2.5	−0.2	2.2	4.6
就业（按小时计算）	4.2	3.7	3.3	3.0
二氧化碳排放	−12.9	−11.9	−11.0	−10.0

表 4-3 的结果是相对于正常情况而言的，包括 2010 年的 GDP
以及各组成部分、就业、二氧化碳排放的模拟结果。在征收碳税并
全部用于补偿社保缴纳的标准方案下，我们发现就业时间增加了
4.2%（或者说多创造了 100 万个就业机会），二氧化碳排放减少

12.9%。这意味着相对于 1990 年二氧化碳的历史排放而言，25% 的减排目标可以实现。生态税改革的这些闪光点对应的阴暗面是 GDP 增速下滑 3.8%。这就是说未来 10 年平均的增长速率要比正常情况低 0.3%。因为就业增加可以降低社保体系的开支，增加社保的缴纳，而政府也需要降低劳动力成本，结果政府的财政盈余有所增加，达到 926 亿德国马克。

4.3.1 熊彼特式的生态税改革

就 GDP 增长而言，熊彼特式的税制改革结果要优于标准方案。与正常情况相比，如果 10% 的碳税用于创新，那么 GDP 几乎没有任何损失。和标准方案相比，税改政策对就业的正向作用显得稍弱：就业小时数只增长 3.3%，但是就业人数达到 94.2 万人，与标准方案非常接近，这是因为更高的实际工资可以有效地减少工作小时数。此外，二氧化碳排放量的减少要略微低于标准方案，这是由经济增长导致的。但是，二氧化碳排放量减少所带来的损失要小于 GDP 增长带来的收益，因为研发存量的增长也会带来结构性的变化。而经济的增长会为政府创造更多的财政盈余。

研发支出会增加需求，提高生产率，这样几乎不会影响到就业。其对工资和价格的对应影响显示在表 4-4 中。和正常情况相比，标准方案下每小时的劳动力成本下降 11.1%，这包括 6.3% 的社保成本下降和 4.8% 的工资水平下降。工资水平下降是由 8% 的劳动生产率

表 4-4　工资与价格的模拟结果（与正常情况对比后的偏差，%）

	标准方案	促进创新的政策		
		5%	10%	15%
每小时的劳动力成本	-11.4	-8.5	-6.0	-3.6
每小时的工资	-4.8	-3.0	-0.7	1.5
消费价格平减指数	4.0	4.1	4.2	4.3

下滑和4%的消费价格指数上升造成的。这些数字都是针对正常情况而言的。就标准方案下实际工资的平均增长而言，这些数字意味着在未来10年中每年大约增长1%。

在熊彼特式改革中，2010年的价格指数几乎不变，但是和标准方案相比，工资水平则存在很大差别。在15%的情况下，工资水平要比正常情况高出1.5%；因为物价要高出4.3%，而生产率只比正常情况低了2.5%。每小时的劳动力成本比正常情况减少3.6%。在15%的熊彼特式改革方案下，这些数字究竟意味着什么呢？在未来10年中实际工资水平将会增加1.6%。

为了更好地了解生态税改革的结构性影响，表4-5呈现了部分行业与所有行业平均的实际总产值的模拟结果。我们选择了化学制品行业以及最重要的投资领域——机械行业、机动车和电力机械。这四个行业占德国出口的60%以上。在标准方案下，这些行业的总产值大约下滑2%，显著低于行业的平均值。这说明促进创新的政策对投资性行业具有显著的正面影响。在15%的方案中，这些行业比正常情况高出6%左右。而且生态税改革对所有行业的平均产值的影响也是正面的。在熊彼特式的税改方案下，四个行业与所有行业平均值之间的差距要大于标准方案下它们之间的差距。

表4-5 部分行业与所有行业平均的实际总产值的模拟结果（与正常情况对比后的偏差，%）

	标准方案	促进创新的政策		
		5%	10%	15%
化学制品	−1.4	−1.0	−0.5	−0.0
机械行业	−2.4	1.4	4.0	6.6
机动车	−2.2	1.3	3.1	4.8
电力机械	−1.8	1.1	3.8	6.4
所有行业平均	−3.3	−2.0	−0.6	0.7

4.4 一些说明

我们的分析只是研究以促进创新为导向的生态政策的第一步，今后还需要进一步的研究，因为我们没有分析生态税改革的外部性，这是收益增加的一个来源。行业之间存在知识的扩散效应，这意味着企业可以利用其他企业积累的研发存量。这种外溢可能拥有完全不同的渠道（Griliches，1995）。因为我们的 PANTA RHEI 模型拥有全面整合和动态投入产出的特征，所以可以很容易地在模型中构建这种外部性。

目前 PANTA RHEI 模型中投资只是最终需求的一个向量，但是投资的来源即各行业的具体投资，并没有包含在模型中。因此该模型没有充分考虑研发对投资的影响。下一步 PANTA RHEI 模型在更新时可以弥补这一缺陷，这样就可以更加有效地分析研发对投资的作用。

而且对模型结构进行修正后，可以使用投资来进一步研究溢出效应。

第❺章 最优的生态税改革：欧盟行动方案的选择与建议

　　生态税改革应该可以产生真正的双重红利，即排放的减少和就业的增加。对于多个面临高失业率和高劳动所得税的欧盟国家来说，生态税改革带来了双重红利的希望。但前提条件是核能不再人为地获得补贴；目前大多数拥有核能的 OECD 国家均采取补贴做法——它们不愿意面对核能发电的真实成本，一方面核电厂只承担有限责任（没有获得全面保险）；另一方面只部分地考虑到核废料的储存成本和风险。只有瑞典一个国家决定在 1999 年推出一项特别针对核能燃料的税收。另一点需要说明的是，实施纯粹的生态税改革会造成预期产出下降的问题。事实上，负产出效应是可以避免的，只要政府将生态税收入的一定比例用于刺激经济增长；除了像瑞典这样的研发占 GDP 比重已经很高的国家之外，对其他欧盟国家来说，提高研发比例是尤为相关的措施。

　　目前大家都强烈建议欧盟 15 国提高研发比例，这是因为经济全球化加剧了世界范围的创新竞赛，而东欧那些后社会主义国家的经济开放和现代化进程又削弱了西欧企业在很多传统中低技术领域的比较优势。而且，冷战结束后，美国在 20 世纪 90 年代极大地提高了民间研发支出占 GDP 的比重，这样欧盟在技术进步和经济增长方面就面临落后于美国的风险，这不仅关系到经济利益，还关系到欧盟的政治利益。

在能源税收领域欧盟的协调是非常有用的，原因如下：一是，它能帮助避免次优的低税收水平；二是，它能在很大程度上避免在欧盟内部重新搬迁工厂的高额成本，而欧盟能够在全球层面更好地改善自然环境。因为数个欧盟国家早已成功地推出某些形式的生态税，而且理论和实践都强有力地支持在欧盟成员国展开熊彼特式的生态税改革，欧洲委员会和欧洲议会应该将这一专题放在今后长期的政治议程上。虽然我们希望就是否在欧盟成员国进行熊彼特式的生态税改革展开进一步的研究，以改进国家政策、实现最优的协调，但是一项集征收较高的排放税、征收较低的劳动所得税、投入更多的研发费用的战略对可持续的经济政策来说是难以抗拒的。因此，欧盟各成员国应该通过各种国际论坛，如 OECD 或 G7 会议来推动熊彼特式的生态税改革。

5.1 税收的最佳分配

从理论上看，熊彼特式税收改革中生态税的最佳分配取决于边际税收负担（包括一定的社保支付款）和创新所产生的社会利益和私人利益之间的现有差异。实证分析需要清楚地显示出在每个欧盟成员国创新的私人回报率和社会回报率之间的差异性。只要熊彼特式的税收改革能够帮助降低失业率，就可以降低社保缴纳比例（这里指失业保险）。对欧盟国家来说，失业救济开支占 GDP 的 1%~4.5%，这和美国的 0.3% 形成鲜明的对比。

至于说劳动所得税所带来的总体税赋负担，我们应该考虑到社保改革可以提高私人社保支出占全部社保支出的比例，从而降低公共社会支出的负担——在荷兰和英国这些欧盟国家中，私人社保占比早已经达到 16% 左右，而德国和美国在 1995 年的比例分别为 8.4% 和 34.7%（见表 5-1）。我们也应该注意到，净社会支出占 GDP 比重的国际化差异明显小于总社会支出占 GDP 的比重的差异（譬如，将美国和一些北欧国家相比，后者高额的增值税意味着总支出占 GDP 的比重较高）。

表 5-1　部分 OECD 国家社保总支出和社保净支出占 GDP 的比重（1995 年）

（单位：%）

	奥地利	比利时	加拿大	丹麦	芬兰	德国	爱尔兰	意大利	荷兰	挪威	瑞典	英国	美国
公共社保总支出	17.8	28.8	18.2	32.2	31.9	27.1	19.4	23.7	26.8	27.6	33.0	22.4	15.8
年金支出（包括老年人和遗属）	4.7	10.3	4.8	7.7	9.1	10.9	4.6	13.6	7.8	6.2	9.0	7.3	6.3
失业救济	1.3	2.8	1.3	4.6	4.0	1.4	2.7	0.9	3.1	1.1	2.3	0.9	0.3
自愿性的私人社保总支出	2.8	0.6	4.5	0.9	1.1	0.9	1.8	1.7	4.4		2.1	4.2	7.9
社保总支出	20.9	29.4	22.7	33.6	33.2	29.6	21.1	25.4	31.9	28.5	35.5	27.0	24.1
社保支出中的私人支出比例 **	15.0	2.1	19.6	4.1	3.8	8.4	8.3	6.7	16.0	3.1	6.9	16.8	34.7
全部社保支出净值 *	21.6		21.2	24.4	25.7	27.7	18.7	22.3	25.0		27.0	26.0	24.5

注：* 为以要素成本计算占 GDP 比重；** 为占社会总支出的比重。

资料来源：Willem Adema（1999），Net Social Expenditure, in OECD: Labour Market and Social Policy, Occasional Papers, No. 39, Paris.

　　降低公共的社会支出能够帮助减少劳动力的整体税收负担，因而促进就业；这样做还可以提高社保覆盖面的差异化程度。欧盟国家的老龄化日益突出，传统的量入为出的社保体系需要进行更全面的改革。生态税改革并不是为了推迟社保体系的结构性改革，而是其进一步改革的新起点。

政府的社保改革已经将私人社保支出的比例提升到一个关键的水平，这时候高额的生态税收入将不仅用于刺激研发——从经济性角度来看，只有当创新的私人回报等同于社会回报时这种做法才有意义；生态税还可以通过降低劳动所得税来进一步鼓励就业。如果将降低劳动所得税和鼓励创新结合在一起进行充分的社保改革，其结果必能极大地促进欧洲和世界经济的增长。

5.2 提高欧盟的研发支出

如果欧盟成员国采取我们所倡导的熊彼特式的生态税改革，那么最终欧盟国家研发支出占 GDP 的比重将会翻一倍，达到 4%。这时候，仅仅提高政府研发支出是显然不够的，因为研发投入越多，就越有必要减少研发政策中的低效问题。但是，欧元区的创建和欧盟资本市场的融合已经对管理者施加了市场压力，要求管理者提供竞争性的投资回报和创新回报。这种压力一方面有助于高效地选择创新项目；另一方面可以促进创新在欧盟（和全球）的扩散。换句话说，21 世纪初期研发提升所带来的供应面的正向乘数效应要高于 20 世纪 80 年代或 90 年代初期。同时，资本市场的作用日益增强，也有助于推动研发的高效专业化；而在 20 世纪 80 年代和 90 年代初期，研发专业化的低效也是欧盟国家的一个显著弱点（Welfens、Addison、Audretsch 和 Grupp，1998）。此外，研发的提升与资本市场（包括风投市场）角色的加强，这两者相互作用有助于促进欧盟新兴技术企业的涌现。

随着欧洲研发支出的增加，经济更强劲的增长，欧盟必然可以吸引到更多外部的 FDI。20 世纪 90 年代德国和意大利这两个国家的人均外资流入比较低，现在它们可以有机会赶上西欧那些 FDI 引进大国，只要这两个政府采取充分的改革，提升各自在国际投资者心目中的吸引力。如果德国以及那些外资流入较少的其他欧盟国家的改革仍然低效，那么欧盟外资流入的地区集中度将更高。

5.3 潜在的互补措施

如果社会不在中小学和大学（适当的时候包括私立大学）、培训、职业教育、远程学习等方面加大资本投入，那么欧盟范围内生态税改革所带来的较高的可持续发展将会非常有限。熟练劳动力将会从熊彼特式的生态税改革中获益；而非熟练劳动力也会得到益处，只要替代效应和增长效应能够带来更高的劳动力总需求。但是我们应该注意到，对于非熟练劳动力，通常较高的研发资本存量会提升劳动生产率，同时会略微降低劳动力需求，尤其对非熟练劳动力的需求。这时特定的培训和再教育努力对非熟练劳动力和长期失业的人来说就显得尤为重要。

为了高效地降低排放量，对于二氧化碳和二氧化硫这些特定的排放物，我们可以推动全球性和地区性的排放交易。考虑到欧盟竞争力的问题，欧盟有必要寻求二氧化碳减排的最低成本方法。鉴于美国早期的排放交易非常成功，欧盟可以采取这一现代化的环保政策。随着欧盟电力市场的自由化，电力的现货市场和期货市场也随之出现，而排放执照市场的形成会推动欧洲金融市场的发展，极大地提高效率和社会福利。

5.4 欧盟行动方案的建议

基于现有的研究，我们为欧盟行动方案提出以下建议：

第一，在每一个成员国引入熊彼特式的生态税改革方案时，每一个成员国有权决定如何在增加研发和降低社保支出/所得税之间分割生态税收入。

第二，在所有欧盟国家实施共同的碳税和能源税的最低税收标准。

第三，分别对环境和国家、行业的研发存量进行监控。

第四，提高私人在社保方面的支出。

第五，鼓励劳动力市场的灵活性和地区的流动性。

第六，鼓励创新及其在欧盟成员国之间的扩散，包括采取欧洲委员会在条例 10 中提到的设立 EFRE 基金的方法（0.5%的结构基金可以投向创新性的项目；同样的规定可以用到 ESF/EAGFL 基金）。

第七，按照《欧洲创新、环境和发展协议》将熊彼特式生态税改革拓展到东欧和巴尔干地区。

5.5 面对全球能源效率问题

通过在 OECD 和 G7/8 议程上提出熊彼特式的生态税改革问题，同时在联合国大会上力推这一税改概念，欧盟可以成为世界上以效率为导向的能源政策的改革引擎。毫无疑问，欧盟国家——和美国、日本一起——在新产品和新流程创新方面具有一定的竞争力，因此如果全球均实施熊彼特式的生态税改革，欧洲一定将受益匪浅。如果德国和其他处于领先地位的欧盟国家尽早掌握生态税改革的成功模式，那将是一件非常有价值的事情。

如果欧盟国家能够成功地采取重大的政策创新，这不仅可以帮助欧盟应对一些重要的经济和生态问题，还可以说明一群多元化的国家能够齐心协力来追求繁荣和稳定的新道路。但风险也是存在的，熊彼特式生态税改革可能会削弱欧盟社保领域的改革，尽管改革在很多老龄化经济体中是非常迫切的，在这些经济体中，退休人群占工作人群的比例显著上升。增加的生态税收入只能在一定程度上降低社保资金的缴纳。

人们预测 21 世纪的世界产出会显著增长，对全球来说，促进创新与改善环境的融合是非常重要的。如果欧盟期望在熊彼特式生态税改革方面建立领导地位，那么它不仅可以在欧洲亡羊补牢，还可以证明自己有能力影响全球的发展进程。就二氧化碳而言，印度和中国在 21 世纪全球变暖中会扮演重要的角色，因此在未来，通过对外直接投资来向这两个国家灌输熊彼特式的政策理念、转移相应的创新技术是非常重要的。提高能源效率是欧盟（加上美国和日本）和俄罗斯共同关心的话题，因此未来可以推出新的政策倡议和共同的国际研究项目。

在欧盟进行熊彼特式的生态税改革能够加强欧洲的经济发展，促进全球的环境改善。因此，欧盟的熊彼特式改革发展和经过验证的环保进程能够进一步强化欧洲在世界范围内的作用。

第❻章 结论

　　德国的能源政策推出了一些新的元素，主要表现为逐步淘汰核能，引入生态税改革。在 20 世纪 90 年代其能源政策的核心是电力和天然气市场。从长远来看，随着核能的比重逐步下滑，天然气进口与天然气发电站可能变得越来越重要——这为从俄罗斯进口天然气带来了新的机会，当然由于政治的不确定性和经济的不稳定性，这种方式存在一定的供应风险（Welfens，1999c）。从长远来看，天然气和电力的进口都将逐步增加。未来德国和欧盟将会增加从东欧转型经济体进口电力，这些东欧国家的政府日益清楚地认识到需要将能源市场的现代化与环保综合考虑。当然，就维谢格拉德集团中的具体国家而言，其差异还是很大的（Welfens 和 Yarrow，1997；Jasinski 和 Skoczny，1996a，1996b；Jasinski 和 Pfaffenberger，1999；Welfens、Graack、Grinberg 和 Yarrow，1999）。

　　欧盟电力市场的逐步自由化以及德国电力市场的完全放开将推动电力交易的增长（Welfens，1996b）。一方面，德国可能更多地依赖电力进口；另一方面，德国更愿意转向高效节能的发电方式，如增加热电联供的电厂。此外，可再生能源燃料的作用也会略微增加，虽然欧盟电力市场自由化加剧了价格竞争，削弱了可再生能源所占的比重，结果不如预期的那样迅速增加。

因为从实践上看，2000~2030 年火力发电厂将会被全部替代，所以热电联供的电厂潜力巨大，而且逐步淘汰的核能也会为市场创造额外的投资需求（Pfaffenberger，1999）。面对电价下跌，政府倾向于鼓励扩张热电联供的电厂，这一政治意愿对德国提高能效还是非常重要的。因为天然气发电厂每度电的二氧化碳排放量只有褐煤的一半，所以我们预期如果要达到既定的二氧化碳减排目标的话，政策上一定会对褐煤发电进行限制。再考虑到逐步淘汰核能这一目标，我们估计德国未来对天然气的需求会大增，这将会导致欧洲和全球的天然气价格上涨。随着天然气所占比重的增加，电力市场的二氧化碳减排在一定程度上是可以实现的。但是淘汰核电厂并以天然气和煤炭发电厂来取代，将会临时性地失去一些工作岗位。

天然气的作用越重要，天然气价格变动带来的价格风险也会相应地增加。同时也要注意到，德国天然气进口增加，也会对欧元区的经常账户带来不利影响。增加的天然气进口主要来自俄罗斯，但是也可以从其他国家进口。德国和欧盟可以有意识地扩大从俄罗斯的天然气进口，来保证俄罗斯转型过程的稳定。但是，如果俄罗斯的内部改革政策不够充分——没有高度重视法制的作用，重视预算和税收改革，建立可靠高效的银行体系——那么俄罗斯天然气出口增加将会导致资本外逃，黑手党活动增加，反而不利于可持续经济转型这一目标的实现。

就减少排放、增加就业而言，德国采取和拟定的生态税改革并不是完全有效的、连贯的。生态税没有按照二氧化碳的来源加以明确区分；1998 年下半年德国红绿联盟政府采取的方法与荷兰、丹麦和瑞典的方法是完全对立的（Schlegelmilch，1999）。德国设想的生态税改革——提高能源税的同时减少社保缴纳——主要问题在于这一战略缺乏相应的政策准备，来抵消税改带来的增长放缓的负面影响。对此，我们提出了一个更加综合的理论框架，该框架强调最佳的要素配置，而这又需要"内部化"各种积极的和消极的外部效应，同时降低税改带来的扭曲效应，在此基础上我们建议进行熊彼特式的生态税改革（Meyer 和 Welfens，1999）：生态税的部分收入将用于增加研发支出——内部化积极的外部因素——这样就刺激了经济的增长；如果要避免生态税改革带来的负增长效应，就需要将大约 10% 的生态税收入投入到研发领域。从理论上看，提高能源税/碳税应该可以"内部化"负面的外部效应。模拟结果显示，充分的二氧化碳税改能够帮助德国实现京都协议中的减排目标。在模拟的不同产出情境下，我们发现可以在降低社保缴纳的同时，能够在 2010 年之前新增加 100 万个工作岗位，而且降低劳动所得税扭曲还可以提高效率，但显而易见的是，熊彼特式的生态税改革不是万能药，要在德国和欧盟实现全面就业、强化其国际竞争力，这种改革只能是更广泛的政策战略的一部分而已。

我们建议德国政府至少从以下三个方面来调整其生态税改革：

第一，从电力税转向明确的碳税；

第二，大力增加研发投入，以刺激经济增长，鼓励减排产品和流程的创新；

第三，就熊彼特式的生态税改革寻求欧盟内部更广泛的一致意见。

而且，政府应在充分科学分析的基础上确定税率，保证税率既不高也不低，以此来实现外部效应的"内部化"。显然，德国现代经济政策的科学基础尚有待改进；经过科学决策的战略能够同时提高效率和效用，从而帮助政府避免昂贵的政策陷阱，强化其改革方法的合法性。

另外，一个连贯的、高效的税改方法也有助于获得欧盟和 G7 对类似改革战略的支持，从而使得国际合作更加容易。社保体系和劳动力市场的综合改革（除了生态税改革之外）在德国也是必需的（Addison 和 Welfens，2000）。

2000~2020 年欧盟的预期年增长率为 2%~2.5%，这样欧盟区的 GDP 将增长 50%；而同一期间欧盟的交通量有可能翻一倍还多，因此排放量和资源使用量将会大幅增加。因此，对欧盟来说提高能效是一个非常关键性的挑战，尤其在电力、热能以及交通领域。在这种背景下，以创新为导向的生态税改革几乎可以应用到所有的欧盟国家，带来高额的长期收益。1997 年除了瑞典的研发 GDP 比例早已经达到 3.9% 之外，其他欧盟国家的这一比例均低于 3%——其中意大利只达到 1%，这对于一个工资高、增长缓慢、失业率高企的国家来说实在太低了。如果不继续深入研究的话，我们就不清楚各个欧盟成员国和整个欧盟区的研发 GDP 比例应该增加到多少；欧盟 1997 年的研发支出占 GDP 的 1.83%，这与日本（2.92%）和美国（2.79%）相比显得太低，尤其是美国最近大幅提高了私人研发占研发支出的比例。如何在实证研究的基础上进一步明确整个欧盟的生态税改革的机会，对未来研究来说还是一个挑战。

从理论角度来看，人们可以认为所有承担传统高税负的国家都应该提高生态税，从而"内部化"负面的外部效应——1998 年所有的欧元区国家的税收占 GDP 的比例（直接税收、间接税收和社保的总额占 GDP 的比例；欧洲委员会，1999，第 19 页）均超过 40%，除了爱尔兰（32.3%）、西班牙（36.9%）和葡萄牙（36.5%）之外。以创新为导向的生态税改革对高失业率的国家来说尤为有用，而且产出和出口中高科技产品的潜在增长前景越好，这一作用越明显。但是，我们应该更加仔细地研究欧盟范围内以创新为导向的生态税改革所面临的宏观经济和行业信息，如在 PANTA-RHEI 模型充分拓展的基础上，采用独特的方法来将投入产出分析、排放建模、研发资本存量利用与标准的宏观经济会计制度进行整合。

在开展熊彼特式的生态税改革时大幅增加政府研发支出——正如我们所倡导的那样——会带来相应的问题，包括如何在欧盟国家提高政府研发政策的效率；和美国相比，欧盟的研发政策正面临着各种问题的困扰（Welfens、Audretsch、Addison和Grupp，1998）。欧盟国家应该投入更多的研发经费，并且在某些情况下，欧盟应该在创新竞赛中更注重专业化；而且新的技术领域需要政府研发政策给予大力支持，主要是改善创业型企业和风投融资所处的生态环境。同样重要的是，高等教育改革应该确保大学体系更能满足高技术（和信息服务）社会的需求。对于德国以及其他一些欧盟国家而言，我们可以建议它们改善外商直接投资的环境，因为跨国公司的投资对提高研发强度至关重要。还有一点值得建议的是，欧盟可以通过全面的社保改革来鼓励自愿性的退休储蓄，进而强化资本市场的作用，这时因为一个更加综合的资本市场可以迫使管理者采取有效的创新战略，从而确保企业长期的利润水平。

观 点

熊彼特式的生态税改革不仅能为德国带来重大利益，也能为整个欧盟创造福利（也可以应用到美国、加拿大和日本）。因为在1997年，就二氧化碳人均排放量来看，比利时（12吨）和荷兰（11.8吨）都高于德国（10.8吨），所以在这两个国家进行熊彼特式的生态税改革的效益将会高于德国。英国、意大利和法国的人均排放量比德国略低——分别为9.4吨、7.4吨和6.2吨——同样熊彼特式的生态税改革也能为这三个国家创造显著的收益。当然，对法国来说，由于其拥有庞大的核能产业，因此会面临一些特殊的问题。

此外，在（熊彼特式）生态税改革方面，采取欧盟一致行动也是非常有用的方法，主要原因有二：一是采取一致行动能避免欧盟内部交易和外商直接投资方面的扭曲效应；二是如果欧盟不一致行动，那么根据二氧化碳排放强度来对主要的能源燃料进行收税几乎是不可能的。德国的生态税改革还可以进一步调整，即更加明确地着眼于主要能源的二氧化碳排放，在对生态税收入进行分割时，既要考虑到降低劳动力成本，又要加强研发活动，提高研发支出。

欧盟应该采取熊彼特式的生态税改革方案，这就有助于创造新的工作岗位，强化欧盟的竞争力，刺激欧盟的经济增长。面对日趋经济全球化的新世界，一个合适的欧盟行动计划将极大地推动欧盟的现代化，并能成功地应对全球变暖的挑战。

附　录

表 A1　1999 年 1 月 1 日欧盟工业用电价格

国家	工业用户[3]	电价（欧元/100 千瓦时)[1]
挪威—全国	La	5.09
	Li	2.20
芬兰—全国	La	5.49
	Li	2.68
瑞典—全国	La	6.20
	Li	2.56
丹麦—全国	La	5.31
	Li	4.21
希腊—雅典	La	8.61
	Li	4.03
法国—巴黎	La	8.91
	Li	4.17
荷兰—鹿特丹	La	10.09
	Li	4.54
西班牙—马德里	La	9.77
	Li	4.86
葡萄牙—里斯本	La	10.66
	Li	4.34
英国—伦敦	La	9.83
	Le[2]	5.94
爱尔兰—都柏林	La	12.78
	Li	4.85

续表

国家	工业用户[3]	电价（欧元/100 千瓦时)[1]
卢森堡—全国	La	13.66
	Li	4.34
意大利	La	14.41
	Li	4.16
比利时—全国	La	14.64
	Li	4.15
德国—杜塞尔多夫	La	13.57
	Li	5.55
奥地利—上奥地利地区/提洛尔/维也纳	La	14.90
	Li	5.11

注：①不含税；②无 Li 数据的日期；③标准工业用户如下：

标准消费者	年消费量（千瓦时）	最大需求量（千瓦时）	年使用时间（小时）
La	30000	30	1000
Le	2000000	500	4000
Li	70000000	10000	7000

资料来源：欧盟统计数据（1999）：核心统计数据 [J]. 环境与能源，1999，3（8）.

表 A2　1999 年 1 月 1 日欧盟工业天然气价格

国　家	工业用户[2],[3]	全国天然气价格（欧元/吉焦）[1]
芬兰—全国	L2	4.24
	L5	2.49
丹麦—全国	L1	4.70
	L4-2	2.12
英国—伦敦	L1	4.21
	L4-1	3.02
德国—杜塞尔多夫	L1	5.50
	L5	1.97
比利时—全国	L1	5.59
	L4-2	2.00
荷兰—鹿特丹	L1	4.93
	L3-2	3.09
法国—巴黎	L1	6.14
	L4-2	2.40
卢森堡—卢森堡城	L1	5.25
	L4-2	3.72

国　　家	工业用户②.③	全国天然气价格（欧元/吉焦）①
瑞典—马尔摩	L1	5.89
	L3-1	3.37
西班牙—马德里	L1	6.54
	L5	2.53
意大利—米兰	L1	7.24
	L4-2	2.76
爱尔兰—都柏林	L1	7.25
	L3-2	3.09
奥地利—维也纳	L1	7.60
	L4-1	3.71

注：①不含税；②每个国家的最高与最低标准消费者；③标准工业用户：

标准消费者	年消费量	调整
L1	418.60 吉焦（即 116300 千瓦时）	未设置负荷系数
L2	4186 吉焦（即 1163000 千瓦时）	200 天
L3-1	41860 吉焦（即 11.63 吉瓦时）	200 天 1600 小时
L3-2	4186 吉焦（即 1.163 吉瓦时）	250 天 4000 小时
L4-1	418600 吉焦（即 116.30 吉瓦时）	250 天 4000 小时
L4-2	418600 吉焦（即 116.30 吉瓦时）	330 天 8000 小时
L5	4186000 吉焦（即 1163.00 吉瓦时）	330 天 8000 小时

资料来源：欧盟统计数据（1999）：核心统计数据［J］. 环境与能源，1999, 5（8）.

表 A3　德国出口函数（弹性、t 统计（括号内）、R^2 以及德宾—瓦特逊系数（DW））

系数（DW）部门	Abs	$krfe_i$	peg_i/fpe_i	fdm_i	Ttrend	D91FF	R^2	DW
15	−0.84 (−0.91)	0.26 (2.75)	−0.44 (−2.62)	0.54 (−2.50)	—	−0.88 (−3.47)	0.98	2.14
21	0.69 (17.89)	0.87 3.41	—	0.58 (4.49)	−0.44 (−4.01)	—	0.88	1.57
23	0.21 (1.62)	0.35 (1.13)	−0.28 (−2.28)	0.53 (1.48)	—	−0.12 (−2.50)	0.96	2.08
26	−0.06 (−0.79)	0.86 (1.91)	−0.20 (−1.99)	0.18 (0.49)	—	—	0.98	1.79
28	—	0.12 (4.16)	−0.18 (−1.78)	0.60 (86.34)	—	−0.09 (2.79)	0.95	2.22

注：Abs：截距；$krfe_i$：部门 i 的研发资本存量；peg_i：德国商品 i 的出口价格；fpe_i：商品 i 的世界市场价格指数；fdm_i：商品 i 的世界进口需求；Ttrend：Time trend，时间趋势；D91FF：哑变量（0 是 1990 年之前；1 是 1991 年之后）。

表 A4　德国建筑投资函数（弹性、t 统计（括号内）、R² 以及德宾—瓦特逊系数（DW））

部门	Abs	KRFE	RUMLR	RUMLR$_{t-1}$	D91FF	R²	DW
19		0.36 (5.77)	−0.03 (−1.45)		0.03 (5.51)	0.97	2.03
20	0.35 (2.55)	0.31 (4.55)	−0.03 (−2.42)		0.02 (4.96)	0.96	1.34
26	−0.77 (−4.28)	0.53 (9.60)	−0.06 (−3.91)		0.02 (5.49)	0.97	1.57
41	0.93 (15.96)	0.08 (1.52)		−0.04 (−5.57)	0.01 (9.02)	0.96	2.10
42	0.78 (10.82)	0.18 (3.06)		−0.03 (−4.00)	0.02 (10.30)	0.97	1.57

注：Abs：截距；KRFE：所有部门的研发资金存量；RUMLR：政府债券收益减去通货膨胀率；D91FF：哑变量（1990 年之前为 0；1991 年为 1；1992 年之后为 0）。

表 A5　德国设备投资函数（弹性、t 统计（括号内）、R² 以及德宾—瓦特逊系数（DW））

部门	KRFE	GG/PG	RUMLR	D91	R²	DW
26	0.64 (1.77)	0.49 (0.34)	−0.05 (−1.08)	0.00 (−3.87)	0.98	2.08

注：KRFE：所有部门的研发资金存量；GG/PG：以 1991 年价格计算的所有部门盈利。

表 A6　德国宏观消费函数（弹性、t 统计（括号内）、R² 以及德宾—瓦特逊系数（DW））

Abs	YVH	KRFE	RKONTR	D91FF	R²	DW
0.14 (6.38)	0.79 (12.74)	0.08 (4.00)	−0.02 (−3.81)	0.01 (4.96)	0.99	2.42

注：YVH：以 1991 年价格计算的私人家庭可支配收入；RKONTR：银行贷款利率减去通货膨胀率。

表 A7　德国劳动力需求函数（弹性、t 统计（括号内）、R² 以及德宾—瓦特逊系数（DW））

部门	Abs	krfe$_i$	xg$_i$	wgr$_i$	D91FF	R²	DW
3	0.28 (4.36)	0.28 (−4.19)	0.98 (10.98)	−	−	0.9	1.34
6	0.38 (4.65)	−0.09 (−1.25)	1.04 (7.24)	−	−	0.80	1.48
11	0.68 (9.36)	−0.12 (−3.28)	0.95 (7.49)	−0.50 (−2.37)	0.00 (1.32)	0.96	1.26
12	1.05 (16.48)	−0.17 (−10.34)	0.82 (6.73)	−0.69 (−2.55)	−	0.94	1.55
13	0.94 (28.10)	−0.05 (−2.32)	0.98 (33.47)	−0.99 (−16.99)	−	0.99	2.36
15	1.59 (11.03)	−0.15 (−3.66)	0.84 (8.32)	−0.77 (−5.80)	0.00 (1.53)	0.95	1.28

部门	Abs	$krfe_i$	xg_i	wgr_i	D91FF	R^2	DW
19	0.89 (25.91)	−0.30 (−4.72)	0.74 (11.25)	−0.71 (−9.34)	0.00 (6.21)	0.95	1.57
20	1.33 (11.97)	0.19 (−1.45)	0.32 (2.62)	−1.00 (−6.05)	0.01 (2.40)	0.98	1.35
21	0.90 (10.16)	−0.11 (−1.11)	0.71 (6.41)	−0.72 (−4.30)	0.00 (5.79)	0.92	1.30
22	0.81	−0.13	0.34	−	−	0.58	1.17
23	0.81 (10.38)	−0.32 (−3.33)	0.72 (6.92)	−0.38 (−2.49)	0.00 (5.10)	0.88	1.86
24	1.36 (18.83)	−0.61 (−9.87)	0.76 (11.21)	−0.91 (−12.83)	0.03 (18.52)	0.99	1.85
26	0.88 (22.77)	−0.10 (−0.72)	0.92 (6.26)	−0.94 (−10.02)	0.00 (1.87)	0.94	1.45
27	1.01 (8.27)	−0.60 (−1.52)	0.68 (5.55)	−0.47 (−1.41)	0.01 (4.21)	0.90	1.55
28	0.91 (27.21)	−0.05 (−3.04)	0.80 (14.17)	−0.75 (−8.91)	0.00 (3.31)	0.96	2.13
31	1.28 (19.27)	−0.03 (−1.52)	0.46 (5.22)	−1.10 (−10.27)	0.00 (5.08)	0.97	1.30
32	0.90 (8.86)	−0.14 (−3.66)	0.89 (5.96)	−0.69 (−10.77)	0.01 (5.49)	0.92	1.35
33	0.97 (17.31)	−0.12 (−5.04)	0.72 (6.91)	−0.71 (−7.06)	0.01 (5.22)	0.90	1.31
34	1.15 (18.07)	−0.02 (−1.41)	0.45 (4.71)	−0.76 (−7.29)	0.01 (5.76)	0.92	2.05
35	1.33 (8.32)	−0.26 (−2.09)	0.89 (4.18)	−1.35 (−8.72)	0.00 (1.26)	0.98	1.07
36	0.95 (10.14)	−0.36 (−3.53)	0.57 (3.50)	−0.68 (−3.79)	−	0.97	1.22
37	1.11 (15.64)	−0.18 (−2.39)	0.88 (7.05)	−1.24 (−12.63)	−	0.99	1.11
39	1.44 (20.28)	−0.09 (−7.05)	0.20 (1.92)	−0.96 (−30.15)	0.01 (11.06)	0.99	1.38
40	1.77 (11.59)	−0.43 (−6.23)	−	−1.09 (−10.02)	−0.02 (8.23)	0.95	1.96

注：xg_i：以1991年价格计算的部门 i 的总产品；wgr_i：部门 i 的实际工资率。

表 A8　与能源相关的排放物的负外部效应：国际比较

国家	里约排放目标减排（以 1991 年为基数）*（% p.a.）	与能源相关的二氧化碳在世界范围内所占的比重（%）	1992 年人均 GDP（以美元计量）	行业能源消耗强度（吉焦/1000 德国马克）
	EREDV	比重	GDP	E/GDP
卢森堡	0.00	0.05	31343	5.00
希腊	3.13	0.34	7686	3.54
瑞典	−0.28	0.20	35606	3.51
葡萄牙	2.76	0.19	8534	3.50
澳大利亚	−1.21	1.24	16715	3.46
西班牙	2.50	1.02	14697	3.27
荷兰	−1.14	0.74	21130	3.17
法国	0.40	1.74	23149	3.13
德国	−1.73	4.60	24157	3.07**
爱尔兰	2.50	0.16	14484	2.98
奥地利	−2.50	0.27	23725	2.97
日本	0.75	4.97	29387	2.96
比利时	−1.53	0.52	21935	2.95
加拿大	0.25	2.02	20600	2.95
意大利	−0.18	1.92	21177	2.94
芬兰	−1.04	0.25	21756	2.84
美国	0.25	22.70	2332	2.81
挪威	0.39	0.14	26331	2.80
丹麦	−2.03	0.25	27626	2.78
新西兰	−0.48	0.12	12003	2.77
瑞典	0.24	0.25	28291	2.75

注：* 以 1991 年为基础重新计算的国家目标；** 西德。

资料来源：Rothfels, 1999.

表 A9　基于不同能源燃料的德国电力生产量

（单位：太瓦时）

年　份	1991	1992	1993	1994	1995	1996	1997	1998
硬煤	149.8	141.9	146.2	144.6	147.1	152.7	143.1	151.5
褐煤	158.4	154.5	147.5	146.1	142.6	144.3	141.7	140
取暖油	13.6	12	8.9	8.8	7.8	6.9	5.9	5.5
天然气	36.3	33	32.8	36.1	41.1	45.6	48	51.5
其他燃料	15.4	15.8	15.3	17.5	18	17.5	19.8	21.5
核能	147.4	158.8	153.5	151.2	154.1	161.6	170.3	161.5
水电	18.5	21.1	21.5	22.5	24.2	21.7	20.9	20.5
合计	539.4	537.1	525.7	526.8	534.9	550.3	549.7	552

资料来源：BMWi, Energiedaten 1999.

表 A10 基于不同能源燃料的德国电力生产（%）

年份	1991	1992	1993	1994	1995	1996	1997	1998
硬煤	27.77	26.42	27.81	27.45	27.50	27.75	26.03	27.45
褐煤	29.37	28.77	28.06	27.73	26.66	26.22	25.78	25.36
加热油	2.52	2.23	1.69	1.67	1.46	1.25	1.07	1.00
天然气	6.73	6.14	6.24	6.85	7.68	8.29	8.73	9.33
其他燃料	2.86	2.94	2.91	3.32	3.37	3.18	3.60	3.89
核能	27.33	29.57	29.20	28.70	28.81	29.37	30.98	29.26
水能	3.43	3.93	4.09	4.27	4.52	3.94	3.80	3.71
总计	100	100	100	100	100	100	100	100

资料来源：BMWi, Energiedaten 1999.

表 A11 能源保障与德国能源供应的外部规模

1997 年来自各国的主要能源进口量					
原 油			天然气		
国家	1000 吨	%	国家	十亿千瓦时	%
近东	11850.0	12.0	荷兰	231.1	29.2
非洲	20693.0	20.9	挪威	209.7	26.5
委内瑞拉	2443.0	2.5	苏联	319.8	40.4
苏联	25483.0	25.7	其他	30.6	3.9
挪威	21812.0	22.0			
大不列颠	16662.0	16.8			
总计	98943.0	100.0	总计	791.2	100.0

资料来源：BMWi, Energiedaten 1999.

表 A12 1997 年能源进出口

	原 油	原油产品	天然气	电力
进 口	98.993 百万吨	49.302 百万吨	791.2 十亿千瓦时	38.0 太瓦时
出 口		12.665 百万吨	38.5 十亿千瓦时	40.4 太瓦时

资料来源：BMWi, Energiedaten 1999.

表 A13 1997 年德国主要能源进出口的实际价值

百万德国马克	原油	燃料、润滑油、天然气
进口	25199.7	27996.8
出口	221.0	8083.8

资料来源：Statistisches Jahrbuch fur die Bundesrepublik Deutschland, 1998.

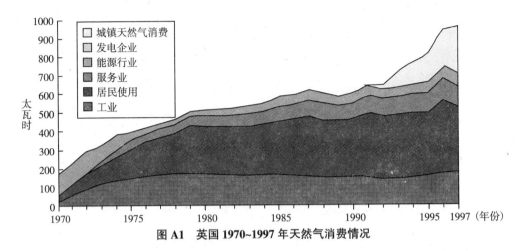

图 A1　英国 1970~1997 年天然气消费情况

表 A14　英国天然气（包含替代性天然气和煤矿甲烷）

（单位：太瓦时）

年　份	1970	1980	1990	1994	1995	1996	1997
发电企业	1.9	4.0	8.2	118.0	149.4	195.0	248.3
能源产业	1.2	19.1	39.2	54.9	57.0	65.5	67.9
工业	20.8	177.5	165.0	164.5	170.2	186.9	182.3
居民使用	18.4	246.8	300.4	329.7	326.0	375.8	345.5
服务业	3.9	59.4	86.8	101.7	110.5	120.6	117.6
合计	46.2	506.8	599.6	768.8	813.2	943.8	961.6

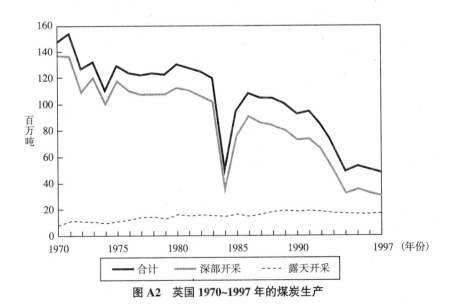

图 A2　英国 1970~1997 年的煤炭生产

表 A15 英国的煤炭开采

（单位：百万吨）

年　份	1970	1980	1990	1995	1996	1997
深部开采	136.7	112.4	72.9	35.1	32.2	30.3
露天开采	7.9	15.8	18.1	16.4	16.3	16.7
合计（包括泥浆）	147.2	130.1	92.8	53.0	50.2	48.5

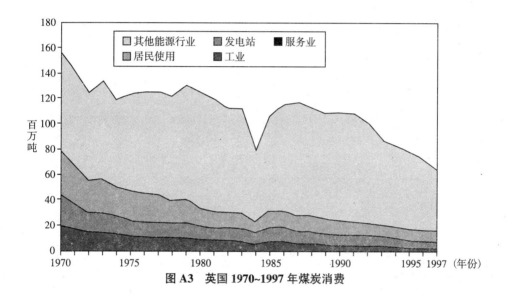

图 A3　英国 1970~1997 年煤炭消费

表 A16 英国不同部门的煤炭消费量

（单位：百万吨）

年　份	1970	1980	1990	1995	1996	1997
发电站	77.2	89.6	84.0	59.6	54.9	47.1
居民使用	20.2	8.9	4.2	2.7	2.7	2.6
工业	19.6	7.9	6.3	4.5	3.6	3.2
服务业	4.2	1.8	1.2	0.5	0.6	0.6
其他能源行业	35.7	15.3	12.5	9.7	9.6	9.6
总消费量	156.9	123.5	108.3	76.9	71.4	63.1

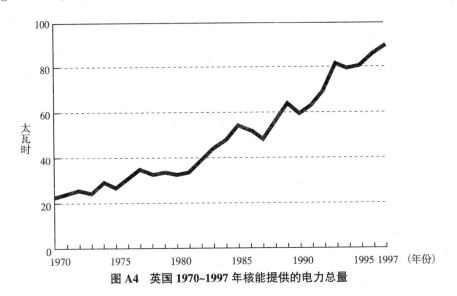

图 A4　英国 1970~1997 年核能提供的电力总量

表 A17　英国 1970~1997 年核能提供的电力总量

年　份	1990	1995	1997
电力供应（总量）	59 太瓦时	81 太瓦时	89 太瓦时
占发电比例（%）	21	27	28
就业人数	42500	26000	30500
营业额 *	4.5bn	4.9bn	4.4bn
总增加值	2.2bn	3.2bn	3.2bn
对 GDP 的贡献（%）	0.46	0.53	0.45
出口	300m	500m+	600m

注：* 包括核溢价的收入；所有的数值都是按照目前价格计算的。

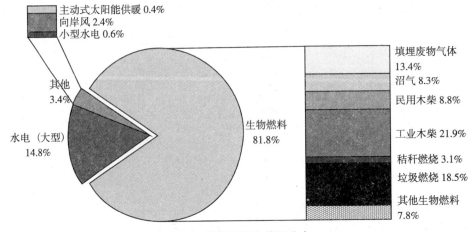

图 A5　英国可再生能源分布

表 A18　英国可再生能源的使用（等价于一千吨原油）

年 份	1990	1995	1996	1997
主动式太阳能供暖	6.4	8.2	8.6	9.0
向岸风	0.8	33.6	41.8	57.2
水电	447.7	416.0	289.0	354.8
填埋的废物气体	79.8	205.8	251.5	308.7
污水污泥消化	138.2	173.5	190.2	191.5
木柴	174.1	702.3	709.7	710.3
秸秆	71.7	71.7	71.7	71.7
城市固体废弃物	160.0	357.6	368.7	427.0
其他生物能源	80.6	180.0	175.8	182.0
总计	1159.3	2148.7	2107.0	2312.2

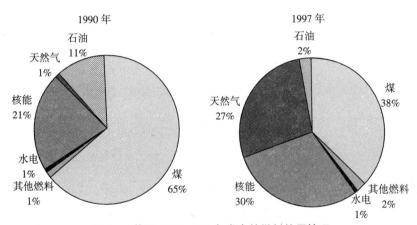

图 A6　英国 1970~1997 年发电的燃料使用情况

表 A19　英国 1970~1997 年发电的燃料使用情况（等价于百万吨原油）

年份	1970	1980	1990	1995	1996	1997
煤	43.1	51.0	49.8	36.1	33.0	28.6
石油	13.3	7.7	8.4	3.6	3.5	1.9
燃气	0.1	0.4	0.6	12.5	16.4	20.9
核能	7.0	9.9	16.3	21.3	22.2	23.0
水能	0.4	0.4	0.4	0.4	0.3	0.3
其他燃料	—	0.1	0.8	1.1	1.2	1.4
总计	63.9	69.5	76.3	75.1	76.6	76.1

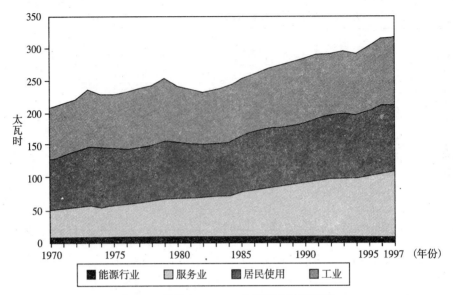

图 A7　英国 1970~1997 年天然气消费情况

表 A20　英国 1970~1997 年不同部门的电力消费量

（单位：太瓦时）

年　份	1970	1980	1990	1995	1996	1997
能源行业	8.2	8.6	10.0	8.3	8.6	8.2
工业	81.1	88.6	100.6	99.9	103.1	104.7
居民使用	77.0	86.1	93.8	102.2	107.5	104.5
服务业	42.4	58.4	80.0	91.8	95.0	100.1
合计	208.7	241.7	284.4	302.2	314.2	317.5

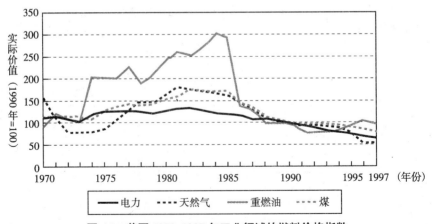

图 A8　英国 1970~1997 年工业领域的燃料价格指数

表 A21　英国 1970~1997 年工业领域的燃料实际价格（1990 年=100）

年　份	1970	1980	1990	1995	1996	1997
电力	111.8	125.2	100.0	91.0	85.3	78.4
天然气	155.7	164.4	100.0	75.4	53.6	53.8
重燃油	89.3	241.8	100.0	95.0	101.7	94.9
煤	106.0	152.2	100.0	72.5	66.9	63.6
工业价格	116.9	150.7	100.0	87.7	80.6	75.3

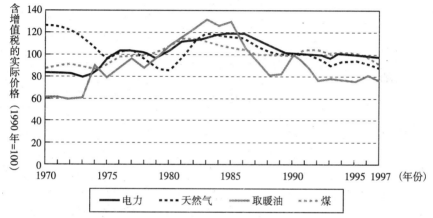

图 A9　英国 1970~1997 年居民使用部分的燃料价格指数

表 A22　英国 1970~1997 年居民使用部分的燃料实际价格（包含增值税，1990 年=100）

年　份	1970	1980	1990	1995	1996	1997
电力	83.2	102.8	100.0	100.9	97.4	90.4
天然气	126.6	85.1	100.0	93.9	91.2	88.0
取暖燃油	60.6	108.1	100.0	75.1	80.2	76.2
煤	87.4	107.7	100.0	100.4	98.3	96.6
民用价格（燃料与照明）	89.1	97.6	100.0	96.9	94.2	89.0

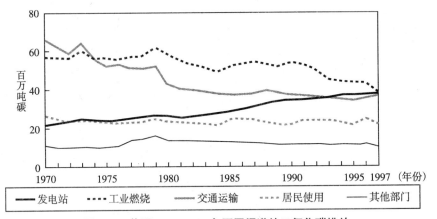

图 A10　英国 1970~1997 年不同渠道的二氧化碳排放

表 A23　英国 1970~1997 年不同渠道的二氧化碳排放（单位：百万吨）

年　份	1970	1980	1990	1995	1996	1997
发电站	57	58	54	44	43	40
工业燃烧	66	43	37	37	38	37
居民使用	26	23	22	22	25	23
交通运输	22	26	35	35	36	37
其他部门	11	14	11	11	12	12
合计	182	164	159	149	154	148

专栏：德国的二氧化碳排放、能源税收与创新的基本情况

德国二氧化碳排放的进展情况

通过一个长期的紧缩过程，德国工业领域的二氧化碳排放大幅降低。二氧化碳排放量在 1990~1997 年下降了 26.1%。发电站与地区供暖公司的二氧化碳排放量下降了 14.9%。而私人家庭与交通所排放的二氧化碳量分别上升了 8.6% 和 6.4%。与此同时，商业领域的小型企业排放量下降了 26.3%，总的排放量从 1014 吨下降至 894 吨。1997 年间，发电站与地区供暖公司的二氧化碳排放量分别占排放总量的 37.3% 和 19.9%。交通和私人

家庭所排放的二氧化碳量各占排放总量的 20.5% 与 15.5%（而小型使用者占 6.3% 的比重）。因为住宅空间上的需要以及供热需求的长期增长，在私人家庭方面减少二氧化碳的排放量是非常困难的。更困难的是在交通运输方面实施减排，其原因在于未来不论德国还是整个欧盟，汽车与卡车的数量都在急剧上升。新房屋的隔热改进，汽车行业的技术进步，以及运输行业采取的鼓励平均运输距离缩短的措施是降低家庭和运输领域二氧化碳减排的潜在途径。从长远来看，在德国与欧盟的工业与发电领域中，究竟还能够进行多大程度的减排，这是一个尚未解决的问题。

生态税改革的第二阶段

德国政府于 1999 年 8 月 25 日决定着手下一个阶段的生态税改革。在 2000~2003 年，矿物原油税将会每年上涨 6 芬尼（合 0.03 欧元），而电力税将会上涨 0.5 芬尼/千瓦时。这些税收将会全部用于降低社保的贡献，到 2003 年将会贡献一个百分点（2000 年增加 0.1 个百分点，2001~2003 年每年 0.3 个百分点）。到 2003 年，不同的能源每吉焦以及每吨二氧化碳的所有税赋将会有极大的差别（见表 A24）。

创新与环境发展

在很久之前，人们就发现创新在整个环境政策中扮演了重要角色（如 Downing/White，1986；Wallace，1995；Blazejczak/Edler/Hemmelskamp/Jänicke，1999），尤其是以环境友好型的（低能耗）产品创新和节约能源或者节约资源的过程创新等形式表现出来。一些国家将创新压力暗含于能源政策之中。比如 20 世纪 90 年代，丹麦鼓励民众使用二氧化碳排量较少的冰箱；英国在 1989 年的《电力法案》中包括了无化石燃料责任以及"可再生规则"（原有的配电公司将会从化石燃料税中得到一笔支付款，用以补偿其使用非化石燃料发电所带来的更高的供电成本）。很明显的是，能源以及高耗能产品的价格不断上涨将会刺激相应的创新，从而带来动态的效率收益。同样毫无疑问的是，环境税既是"内部化"污染所带来的负外部效应的一个重要因素，同时也是整个税收体系中日益重要的因素（EEA，1996；OECD，1997）。更高的环境税旨在"内部化"负外部效应，而更高的政府研发支出旨在"内部化"创新的正外部效应，以便可以带来更好更廉价的产品；创新导向的生态税改革理念第一次将这两者直接综合起来——这种理念可以同时在静态与动态中提高分配效率，并且刺激产出增加。而对增长的支持又有助于在减少工资税/社保税的同时稳定就业情况。这样，风险被降至最低水平：因为更高的能源税/碳税会导致物价上升，而要求工资收入增加——在经济增长受阻的时候出现——会导致新的工资压力，这会削弱最初的就业效益。研发促进通常包括增加私人研发支出，创建更多的高科技企业（其中很大一部分关注与环境相关的创新活动），加速新的低碳技术扩散以及高能源使用效率的新产品的推广。

表 A24　德国的能源税

	单位(U)	1999 年4 月 1 日的税率	1999~2003 年的增加值					2003 年总税负		
			总计（累计）				1999 年4 月 1 日			
		芬尼/单位	芬尼/单位	德国马克/吉焦	德国马克/吨二氧化碳	芬尼/单位	芬尼/单位	德国马克/吉焦	德国马克/吨二氧化碳
煤	公斤	—	—	—	—	—	—	—	—
取暖油（重）供热	公斤	3.00	—	—	—	—	3.50	0.85	11
取暖油（重）发电	公斤	5.00	—	—	—	—	3.50	0.85	11
取暖油	公升	8.00	4.00	1.12	15	4.00	12.00	3.37	46
天然气	千瓦时	0.36	0.32	0.89	16	0.32	0.68	1.89	34
电力	千瓦时	—	4.00	11.11	71	2.00	4.00	11.11	71
燃料	公升	98.00	30.00	9.27	129	6.00	128.00	39.55	549
柴油	公升	62.00	30.00	8.38	113	6.00	92.00	25.71	347

资料来源：DIW Wochenbericht 36，1999.

表 A25　欧盟成员国承诺减排量

成员国	各国于《京都议定书》上作出的承诺（%）
比利时	−7.5
丹麦	−21
德国	−21
希腊	25
西班牙	15
法国	0
爱尔兰	13
意大利	−6.5
卢森堡	−28
荷兰	−6
奥地利	−13
葡萄牙	27
芬兰	0
瑞典	4
英国	−12.5
欧盟	−8

资料来源：欧盟（1998）. Community Strategy on Climate Change-Council Conclusions，附录 1 [C]. 卢森堡：Communique from the 2106 Th Council Meeting，1998（6）.

表 A26　1990 年的参照数据

A：总体统计数据

	德国	丹麦	西班牙	意大利	法国	英国	欧盟其他地区	欧盟
GDP（占欧盟的比重）	24	2	6	15	19	16	18	100
CO_2（占欧盟的比重）	32	2	7	13	12	18	17	100
CO_2（占每单位资金的比重）	13	11	5	7	7	10	8	9
电力（CO_2 吨/吉瓦时）	653	892	429	565	105	686	260	462

B：二氧化碳排放来源

	德国	丹麦	西班牙	意大利	法国	英国	欧盟其他地区	欧盟
电力	36	43	31	30	12	38	23	30
能源生产	3	2	6	5	5	5	5	4
工业	20	11	21	20	23	14	24	20
交通运输	17	26	32	25	34	24	26	24
最终需求	24	17	10	20	26	19	22	21
合计	100	100	100	100	100	100	100	100

注：欧盟其他地区包含奥地利、比利时、芬兰、卢森堡、希腊、爱尔兰、荷兰、波兰以及瑞典。

资料来源：Bohringer, C.; Jensen, J.; Rutherford, T. F.（1999），Energy Market Projections and Differentiated. Carbon Abatement in the European Union，Discussion paper N. 99–11, ZEW, Mannheim, p. 14.

参考文献

[1] ACS, Z., AUDRETSCH, D., FELDMAN, M. (1994), R&D Spillovers and Recipient Firm Size, in: The Review of Economics and Statistics, 76, pp. 336-340.

[2] ADAMS, J. (1990), Fundamental Stocks of Knowledge and Productivity Growth, in: Journal of Political Economy, 98, pp. 673-702.

[3] ADDISON, J. und WELFENS, P.J.J., eds. (1999), Labor Markets and Social Security, 2nd revised and enlarged edition, Heidelberg and New York: Springer.

[4] ADDISON, J. und WELFENS, P.J.J., eds. (1998), Labor Markets and Social Security, Heidelberg and New York: Springer.

[5] ALMON, C. (1991), The Inforum Approach to Interindustry Modelling. Economic Systems Research 3, 1-7.

[6] ALTNER, G., DÜRR, H. P., MICHELSEN, G., NITSCH, J. (1995), Zukünftige Energiepolitik-Vorrang für rationelle Energiennutzung und regenerative Energiequellen, Bonn.

[7] AMANO, A. (1998), Climate Change, Response Timing,

and Integrated Assessment Modeling, in: Environmental Economics and Policy Studies, 1/1, pp.3-18.

[8] ARNDT, H.-W., HEINS, B., HILLEBRAND, B., MEY-ER, E.C., PFAFFENBERGER, W., STRÖBELE, W. (1998), Ökosteuern auf dem Prüfstand der Nachhaltigkeit, Berlin.

[9] BARDY, R. (1974), Die Produktivität von Forschung und Entwicklung, Meisenheim am Glan.

[10] BARTELSMAN, E., VAN LEEUWEN, G., NIEUWEN-HUIJSEN, H., ZEELENBERG, K. (1996), R&D and Productivity Growth: Evidence from Firm-Level Data in the Netherlands, Paper presented at the Conference of the European Economic Association, Istanbul.

[11] BAYOUMI, T., COE, D.T., HELPMAN, E. (1999), R&D spillovers and global growth, in: Journal of International Economics, 47, pp. 399-428.

[12] BLAZEJCZAK, J., EDLER, D., HEMMESKAMP, J., JÄNICKE, M., Umweltpolitik und Innovation: Politikmuster und Innovationswirkungen im internationalen Vergleich, Zeitschrift für Umweltpolitik und Umweltrecht, Vol. 22, pp. 1-32.

[13] BMWi (1999), Energie Daten 1999, Bonn, p.40.

[14] BÖNTE, W. (1998), Wie produktiv sind Investitionen in Forschung und Entwicklung, Diskussionspapier, Institut für Allokation und Wettbewerb, Universität Hamburg.

[15] BRÄNNLUND, R. (1999), Green Tax Reforms: Some Experiences from Sweden, in: SCHLEGELMILCH, K., ed., Green Budget Reform in Europe, Heidelberg and New York: Springer.

[16] BUDD, A. und HOBBIS, S. (1989), Cointegration, Tech-

nology and the Long-Run Production Function, Discussion Paper, London Business School Centre for Economic Forecasting.

[17] BUDD, A und HOBBIS, S. (1989a), Output Growth and Measure of Technology, Discussion Paper, London Business School Centre for Economic Forecasting.

[18] CAMERON, C. (1998), Innovation and Growth: A Survey of the Empirical Evidence, Working Paper, Nuffield College, Oxford.

[19] COE, D.T., HELPMAN, E. (1995), International R&D spillovers, in: European Economic Review, 39, pp.859-887.

[20] COE, D.T. und MOGHADAM, R. (1993), Capital and Trade as Engines of Growth in France, in: IMF Staff Papers, 40, pp. 542-566.

[21] COHENDET, P., LLERENA, P., SORGE, A. (1992), Technological Diversity and Coherence in Europe: An Analytical Overview, Revue d'Economie Industrielle, 59, pp. 9-26.

[22] CONRAD, K. (1995), Choosing Emission Taxes under International Price Competition, Fondazione Enrico Mattei, Milano, mimeo.

[23] CUNEO, P. und MAIRESSE, J. (1984), Productivity and R&D at the Firm Level in French Manufacturing, in: GRILICHES, Z. (ed.), R&D, Patents and Productivity, Chicago.

[24] DEUTSCHE BANK RESEARCH (1999), Kernenergie: Ist ein Ausstieg möglich?, Sonderbericht, Frankfurt.

[25] DOSI, G. (1982), Technological Paradigms and Technological Trajectories, A Suggested Interpretation of the Determinants and Directions of Technical Change, in: Research Policy, 11, pp. 147-162.

[26] DOSI, G., PAVITT, K., SOETE, L. (1990), The Eco-

nomics of Technical Change and International Trade, New York etc.

[27] DOWNING, P. und WHITE, L.J., Innovation in Pollution Control, Journal of Environmental Economics and Management, No. 13, 886, pp. 18-29.

[28] EEA (European Environmental Agency) (1996), Environmental Taxes. Implementation and Environmental Effectiveness, Copenhagen.

[29] ENGELBRECHT, H.J. (1998), Business Sector R&D and Australia's Manufacturing Trade Structure, in: Applied Economics, 30, pp. 177-187.

[30] EUROPEAN COMMISSION (1999), Annual Economic Report, Brussels.

[31] EUROSTAT (1999), Electricity Statistics, Theme 8 -01/ 1999, Luxembourg.

[32] FAGERBERG, J. (1988), International Competitiveness, in: Economic Journal, 98, pp. 355-374.

[33] GALE, R., BARG, S., GILLIES, A. (1995), eds. Green Budget Reform, Earthscan, London.

[34] GEHRKE, B. und GRUPP, H. (1994), Hochtechnologie und Innovationspotential, Heidelberg.

[35] GREENPEACE (1997), Energy Subsidies in Europe, Amsterdam.

[36] GRILICHES, Z. (1995), R&D and Productivity: Econometric Results and Measurement Issues, in: STONEMAN, P. (ed.), Handbook of the Economics of Innovation and Technological Change, Oxford, UK/Cambridge, MA, pp.52-89.

[37] GRILICHES, Z. und LICHTENBERG, F. (1984), R&D

and Productivity Growth at the Industry Level: Is There still a Relationship, in: GRILICHES, Z. (ed.), R&D, Patents and Productivity, Chicago, pp. 465–496.

[38] GRILICHES, Z. und MAIRESSE, J. (1983), Comparing Productivity Growth: An Exploration of French and US Industrial and Firm Data, European Economic Review, 21, pp. 89–119.

[39] GROENEWOLD, N. (1999), Employment Protection and Aggregate Unemployment, Journal of Macroeconomics, Vol. 21, pp. 619–630.

[40] GROSSMAN, G. und HELPMAN, E. (1991), Innovation and Growth in a Global Economy, Cambridge, Mass.

[41] GRUPP, H. und JUNGMITTAG, A. (1999), Convergence in Global High Technology? A Decomposition and Specialisation Analysis for Advanced Countries, in: Jahrbücher für Nationalökonomie und Statistik, 218, pp. 552–573.

[42] HALL, B. und MAIRESSE, J. (1995), Exploring the Relationship between R&D and Productivity in French Manufacturing Firms, in: Journal of Econometrics, 65, pp. 263–294.

[43] HENSING, I. (1996), Die Perspektive von Kernenergie in wettbe werblich geöffneten Energiemärkten, in: Zeitschrift für Energiewirtschaft, pp. 53–64.

[44] HENSING, I., PFAFFENBERGER, W., STRÖBELE, W. (1998), Energiewirtschaft, München.

[45] HENSING, I. und SCHULZ, W. (1995), Wirtschaftlichkeitsvergleich verschiedener Entsorgungspfade von Kernkraftwerken –eine Kostensimulation aus deutscher Sicht, München.

[46] HODGSON, G.M. (1993), Economics and Evolution,

Bringing Life back to Economics, Cambridge.

[47] INTERNATIONALE ENERGIE-AGENTUR (1998), CO_2 E-missions from fuel combustion, edition, Paris.

[48] JAFFE, A.B., TRAJTENBERG, M., HENDERSON, R. (1992), Geographic Localization of Knowledge Spillovers as Evidence by Patent Citations, NBER Working Paper, 3993, Cambridge, Mass.

[49] JASINSKI, P. und PFAFFENBERGER, W., eds. (1999), Energy Liberalisation and the Environment: Multi-Regulation in Eastern and Western Europe, Aldershot, Ashgate, forthcoming.

[50] JASINSKI, P. und SKOCZNY, T., eds. (1996a), Studia nad integracja europejska: Elektroenergetyka [European Integration Studies: The Electricity Supply Industry], RPRC, Oxford and Centre for Europe, Warsaw.

[51] JASINSKI, P. und SKOCZNY, T., eds. (1996b), Studia nad integracja europejska: Gazownictwo [European Integration Studies: The Gas Industry], RPRC, Oxford and Centre for Europe, Warsaw.

[52] JONES, C.I. und WILLIAMS, J.C. (1997), Measuring the Social Return to R&D, Working Paper, Stanford University.

[53] JUNGMITTAG, A., BLIND, K., GRUPP, H. (1999), Innovation, Standardisation and the Long-term Production Function, in: Zeitschrift für Wirtschafts-und Sozialwissenschaften, 119, pp. 209-226.

[54] JUNGMITTAG, A., GRUPP, H., HINZE, S., HULLMANN, A., SCHMOCH, U. (1998), Berichterstattung zur technologischen Leistungsfähigkeit Deutschlands 1997, Materialien des Fraunhofer - Instituts für Systemtechnik und Innovationsforschung, Karlsruhe.

[55] JUNGMITTAG, A., GRUPP, H., HULLMANN, A. (1998), Changing Patterns of Specialisation in Global High Technology

Markets: An Empirical Investigation of Advanced Countries, in: Vierteljahreshefte zur Wirtschafts-forschung, 67, 1, pp.86-98.

[56] JUNGMITTAG, A., MEYER-KRAHMER, F., REGER, G. (1999), Globalisation of R&D and Technology Markets-Trends, Motives, Consequences, in: MEYER -KRAHMER, F., ed., Globalisation of R&D and Technology Markets -Consequences for National Innovation Policies, Heidelberg/NewYork, pp. 37-77.

[57] JUNGMITTAG, A. und WELFENS, P.J.J. (1996), Telekommunikation, Innovation und die langfristige Produktionsfunktion: Theoretische Aspekte und eine Kointegrationsanalyse für die Bundesrepublik Deutschland, Diskussionsbeitrag 20 des Europäischen Instituts für Internationale Wirtschaftsbeziehungen (EIIW), Potsdam.

[58] KALTSCHMITT, M. und WIESE, A., Hrsg. (1995), Ereeuerbare Energien-Systemtechnik, Wirtschaftlichkeit, Umweltaspekte, Berlin, Heidelberg.

[59] KITSCHELT, H. (1980), Kernenergiepolitik -Arena eines gesellschaftlichen Konflikts, Frankfurt.

[60] LOEFFELHOLZ, H.D. Von (1999), Steuerreform: Erfordernisse, Spielräume, Wirkungen, RWI Mitteilungen Vol. 49, pp. 161-173.

[61] LOSKE, R. (1996), Klimapolitik, Marburg: Metropolis.

[62] LUCAS Jr., R.E. (1988), On the mechanics of economic development, in: Journal for Monetary Economics, 22, pp. 3-42.

[63] MA, Q. (1997), A Bilateral Trade Model for the Inforum International System, in: Tomaczewicz, L. (ed.), Proceedings of the 3rd World Inforum Conference, Lodz.

[64] MACKSCHEIDT, K. (1996), Die ökologische Steuerreform

im Lichte steuerpolitischer Ideale, in: KÖHN, J. und WELFENS, M., eds., Neue Ansätze in der Umweltökonomie, Marburg: Metropolis, pp. 109–125.

[65] MAIRESSE, J. und CUNEO, P. (1985), Recherche – développement et performances des entreprises: Une étude économétrique sur des données individuelles, in: Revue Économique, 36, pp. 1001–1042.

[66] MAIRESSE, J. und HALL, B. (1996), Estimating the Productivity of Research and Development in French and United States Manufacturing Firms: An Exploration of Simultaneity Issues with GMM Methods, in: WAGNER, K., van ARK, B., eds., International Productivity Differences: Measurement and Explanations, Amsterdam.

[67] MARKEWITZ, P. und MARTINSEN, D. (1999), Kemenergie ohne zielorientierte CO_2–Minderungsstrategie, in: Energiewirtschaftliche Tagesfragen, pp. 60–63.

[68] MEYER, B. und EWERHART, G. (1997), Lohnsatz, Produktivität und Beschäftigung. Ergebnisse einer Simulationsstudie mit dem disaggregierten Ökonometrischen Modell Inforge, in: SCHNABL, H. (ed.), Innovation und Arbeit: Fakten –Analyse –Perspektiven, Mohr, Tübingen.

[69] MEYER, B. und EWERHART, G. (1999), Inforge. Ein disaggregiertes Simulations –und Prognosemodell füt Deutschland, in: LORENZ, H.W. und MEYER, B. (eds.), Studien zur Evolutorischen Ökonomik IV, Berlin: Duncker und Humblot.

[70] MEYER, B. und WELFENS, P.J.J. (1999), Innovation – Augmented Ecological Tax Reform: Theory, Model Simulation and New Policy Implications, EIIW Discussion Paper, 65, University of Potsdam.

[71] MEYER, B., BOCKERMANN, A., EWERHART, G., LUTZ, C. (1999), Marktkonforme Umweltpolitik. Wirkungen auf Luftschadstoffemissionen, Wachstum und Struktur der Wirtschaft, Heidelberg: Physica.

[72] MEYER –KRAHMER, F. (1992), The Effects of New Technologies on Employment, in: Economics of Innovation and New Technology, 2, pp. 131–149.

[73] MEYER–KRAHMER, F. und WESSELS, H. (1989), Intersektorale Verflechtung von Technologiegebern und Technologienehmern. Eine empirische Analyse für die Bundesrepublik Deutschland, Jahrbücher für Nationalökonomie und Statistik, Vol 206/6.

[74] MICHAELIS, H. und SALANDER, C. (1995), Handbuch der Kernenergie, 4. Auflage, Frankfurt.

[75] MÖHNEN, P., NADIRI, M., PRUCHA, I. (1986), R&D, Production Structure and Rates of Return in the US, Japanese and German Manufacturing Sectors, in: European Economic Review, 30, pp. 749–771.

[76] NITSCH, J. (1995), Potentiale und Märkte der Kraft–Wärme–Kopplung in Deutschland, DLR Institut für Technische Thermodynamik, STB Bericht, 15, Stuttgart.

[77] NITSCH, J. (1999), Erneuerbare Energie an der Schwelle zum nächsten Jahrtausend–Rückblick und Perspektiven, Mskr.

[78] NORDHAUS, W. D. (1997), The Swedish Nuclear Dilemma, Washington.

[79] NYHUS, D. (1991), The Infornm International System. Economic Systems Research, 3, pp. 55–64.

[80] NYHUS, D. und WANG, Q. (1997), Investments and Ex–

ports: A Trade Share Perspective, Paper presented at the 5. World Info-rum Conference, Bertinoro.

[81] O'MAHONY, M. und WAGNER, K. (1996), Changing Fortune: An Industry Study of British and German Productivity Growth over Three Decades, in: MAYES, D. (ed.), Sources of Productivity Growth in the 1980s, Cambridge.

[82] OATES (1995), Green Taxes: Can We Protect the Environment and Improve the Tax System at the Same Time?, in: Southern Economic Journal, 61(4).

[83] OECD (1997), Environmental and Green Tax Reform, Paris.

[84] OECD (1998), Energy Policies of IEA Countries. Germany 1998 Review, Paris.

[85] OTTE, C. und PFAFFENBERGER, W. (1999), Energieeffizienz in Deutschland, in: PFAFFENBERGER, W. und STREBEL, H. (Hrsg.), Ökonomische Energienutzung, München, pp. 75–126.

[86] PATEL, P. und SOETE, L. (1988), L'Évaluation des effets économiques de la technologie, in: STI Review, 4, pp. 133–183.

[87] PERNER, J. und RIECHMANN, C. (1998), Netzzugang oder Durchleitung?, in: Zeitschrift für Energiewirtschaft pp. 41–57.

[88] PFAFFENBERGER, W. (1995), Arbeitsplatzeffekte von Energiesystemen, Frankfurt.

[89] PFAFFENBERGER, W. (1999), Ausstieg aus der Kernenergie–und was kommt danach?, Frankfurt/München: Piper.

[90] PFAFFENBERGER, W. und KEMFERT, C. (1998), Beschäftigungseffekte durch eine verstärkte Nutzung erneuerbarer Energien, Bonn.

[91] PROGNOS–GUTACHTEN (1995), Die Energiemärkte Deutsch-

lands im zusammenwachsenden Europa–Perspektiven bis zum Jahr 2020, Stuttgart.

[92] ROMER, P.M. (1986), Increasing Returns and Long–Run Growth, in: Journal of Political Economy, 94, pp. 1002–1037.

[93] ROMER, P.M. (1990), Endogenous Technological Change, in: Journal of Political Economy, 98, pp. 71–102.

[94] ROTHFELS, J. (1998), Umweltschutz und internationale Wettbewerbsfähigkeit aus Sicht der neuen Außenhandelstheorie, in: HORBACH, J., MEIβNER, T, ROTHFELS, J., HOLST, K., VOIGT, P., Umweltschutz und Wettbewerbsfähigkeit, Baden–Baden: Nomos, pp. 15–33.

[95] ROTHFELS, J., Umweltpolitik und unternehmerische Anpassung, forthcoming.

[96] RWI (1990), Stellungnahme zum Entwurf eines Gesetzes zum Einstieg in die ökologische Steuerreform, Bundestagsanhörung vom 18.1. 1999, RWI, Essen.

[97] SANDMO, A. (1975), Optimal Taxation in the presence of Externalities, in: Swedish Journal of Economics, 77 (1).

[98] SAVIOTTI, P.P. (1990), The Role of Variety in Economic and Technological Development, in: SAVIOTTI, P.P. und METCALFE, J.S. (eds.), Evolutionary Theories of Economic and Technological Change: Present Status and Future Prospects, Reading.

[99] SCHERER, F. (1982), Inter–Industry Technology Flow and Productivity Growth, in: Review of Economics and Statistics, 64.

[100] SCHLEGELMILCH, K., ed. (1999), Green Budget Reform in Europe, Heidelberg and New York.

[101] SCHMIDT, T.F.N. und KOSCHEL, H. (1999), GEM–

E3, in: FAHL, U. und LÄGE, E. (ed.), Strukturelle und gesamtwirtschaftliche Auswirkungen des Klimaschutzes: Die nationale Perspektive, Heidelberg.

[102] STONEMAN, P., ed., Handbook of the Economics of Innovation and Technological Change, Oxford.

[103] VAN DEN BERGH, J.C.J.M. and VAN DER STRAATEN, J. (1994), Toward an Ecological Tax Reform.

[104] WAKELIN, K. (1998), The role of innovation in bilateral OECD trade performance, in: Applied Economics, 30, 1335–1346.

[105] WALLACE, D. (1995), Environmental Policy and Industrial Innovation: Strategies in Europe, the USA and Japan, London.

[106] WELFENS, P.J.J. (1999a), Globalization of the Economy, Unemployment and Innovation, Heidelberg and New York.

[107] WELFENS, P.J.J. (1999b), Beschäftigungsfördernde Steuerreform in Deutschland zum Euro –Start: Für eine wachstumsorientierte Doppelsteuerreform, RWIMitteilungen, Vol. 49, 149 –160, original version published as EIIWAnalysen zur Wirtschaftspolitik No.3 (see http: //www.euroeiiw.de), October 7, 1998, University of Potsdam.

[108] WELFENS, P.J.J. (1999c), EU Eastern Enlargement and the Russian Transformation Crisis, Heidelberg and New York.

[109] WELFENS, P.J.J. und YARROW, G., eds. (1997), Telecommunications and Energy in Systemic Transformation, Heidelberg and New York.

[110] WELFENS, P.J.J., AUDRETSCH, D., ADDISON, J., GRUPP, H. (1998), Technological Competition, Employment and Innovation Policies in OECD Countrys, Heidelberg and New York.

[111] WELFENS, P.J.J., GRAACK, C., GRINBERG, R.

YARROW, G., eds. (1999), Towards Competition in Network Industries, New York.

[112] WELSCH, H. (1999), Lean, in: FAHL, U. und LÄGE, E., eds., Strukturelle und gesamtwirtschaftliche Auswirkungen des Klimaschutzes: Die nationale Perspektive, Heidelberg.

[113] WITT, U., ed. (1993), Evolutionary Economics, The International Library of Critical Writings in Economics, 25, Aldershot.

[114] WUPPERTAL INSTITUTE FOR CLIMATE (1998), Energy Pricing Policy: Targets, Possibilities and Impacts, Energy and Research Series, ENER102, 2–1998, European Parliament, Luxembourg.

北京市版权局著作权合同登记：图字：01-2013-4780

Energy Policies in the European Union: Germany's Ecological Tax Reform By Paul J.J. Welfens, Bernd Meyer, Wolfgang Pfaffenberger, Piotr Jasinski, Andre Jungmittag © Paul J.J. Welfens, Bernd Meyer, Wolfgang Pfaffenberger, Piotr Jasinski, Andre Jungmittag 2001

First Published 2001 by Springer-Verlag GmbH

Chinese Translation Copyright © 2014 by Economy & Management Publishing House

This Translation of Energy Policies in the European Union: Germany's Ecological Tax Reform, The Edition is Published by Arrangement with Springer-Verlag GmbH

图书在版编目（CIP）数据

欧盟能源政策：以德国生态税改革为例/（德）维尔芬斯（Welfens, P. J. J.）等著；吴剑峰，邱永辉译. —北京：经济管理出版社，2013.10

ISBN 978-7-5096-2672-6

Ⅰ.①欧… Ⅱ.①维… ②吴… ③邱… Ⅲ.①欧洲国家联盟—能源政策—研究②税收改革—研究—德国 Ⅳ.①F450.62 ②F815.163.2

中国版本图书馆 CIP 数据核字（2013）第 235659 号

组稿编辑：璐　栖
责任编辑：邱永辉　王格格
责任印制：黄章平
责任校对：李玉敏

出版发行：经济管理出版社
　　　　　（北京市海淀区北峰窝 8 号中雅大厦 A 座 11 层　100038）
网　　址：www.E-mp.com.cn
电　　话：(010) 51915602
印　　刷：北京银祥印刷厂
经　　销：新华书店
开　　本：720mm×1000mm/16
印　　张：10
字　　数：125 千字
版　　次：2014 年 3 月第 1 版　2014 年 3 月第 1 次印刷
书　　号：ISBN 978-7-5096-2672-6
定　　价：35.00 元